Landküche
Gut durchs Jahr

Dieses Buch ist meinen Enkelkindern
Sarah, Hannah, Judith und Tim gewidmet, die immer
so gerne bei Oma auf der Arbeitsplatte sitzen und
mitmachen wollen.

Landbuch
Verlag Hannover

Impressum:

Irmtraut Bredemeier: Landküche – Gut durchs Jahr

Landküche – Gut durchs Jahr (Landküche). – 1. Aufl. –
Hannover: Landbuch Verlag Hannover, 2005.

ISBN 3 7842 0638 7

1. Auflage 2005

Postfach 160, 30001 Hannover
Kabelkamp 6, 30179 Hannover
Tel.: 0511 / 270 46 - 0
Fax: 0511 / 270 46 - 150
buch@landbuch.de
http://www.landbuch.de

Alle in diesem Buch enthaltenen Angaben, Daten, Ergebnisse etc. wurden von den Autoren nach bestem Wissen erstellt und von ihnen und dem Verlag mit größtmöglicher Sorgfalt überprüft. Eine Verantwortung und Haftung für etwaige inhaltliche Unrichtigkeiten kann jedoch nicht übernommen werden. Der Haftungsausschluss gilt nicht, soweit nach dem Produkthaftungsgesetz für Personen- und Sachschäden gehaftet wird.
Jeder Leser muss beim Umgang mit den genannten Stoffen, Materialien, Geräten usw. Vorsicht walten lassen, Gebrauchsanweisungen und Herstellerhinweise beachten sowie den Zugang für Unbefugte verhindern.

Projektleitung und Redaktion: Landbuch Verlag Hannover
Gestaltung: neue räume gmbH & co. kg, Hannover
Druck: J.P. Himmer GmbH & Co. KG, Augsburg
Gesamtherstellung: Landbuch Verlag GmbH, Hannover

ISBN 3 7842 0638 7

Bildnachweis:

Andre Chales de Beaulieu, Hannover:	8, 14, 19, 22, 30, 32, 38, 42, 49, 52, 55, 58, 62, 64, 72, 75, 81, 84, 90, 94, 97, 102, 104, 111, 112, 119, 122, 125
Michael Speer, Verden:	99
Claudia Gollor-Knüdeler, Weisach i.T.:	7, 17, 27, 37, 47, 57, 69, 79, 89, 106, 109, 117

Liebe Freunde der Landküche!

Als Tochter, Ehefrau und Mutter eines Landwirts ist es vielleicht nicht verwunderlich, dass mir die Landwirtschaft, das Leben auf dem Land und natürlich die Landküche sehr am Herzen liegen. Geprägt von einem Elternhaus, in dem gerne und gut gekocht und gegessen wurde – alles was Hof und Jahreszeiten so hergaben – entschied ich mich für eine hauswirtschaftliche Ausbildung. Während der Lehre und später im Beruf habe ich in sehr gastfreundlichen Häusern gelebt und gearbeitet. Lauter Familien mit großen Tischen und offenen Türen! Das Wissen über die Zusammenhänge in der Natur und der Wert unserer hochwertigen Nahrungs- oder Lebensmittel ist heute vielen Menschen verloren gegangen. Ich war immer neugierig und habe oft experimentiert, sei es das Ausprobieren neuer Rezepte oder der Versuch aus Übermilch Butter oder Quark herzustellen. Ich danke meiner Familie, die oft Versuchskaninchen war, Wilhelm und Ute, die mich immer wieder motiviert haben und Wilfried mit seinem großen Fachwissen für seine Unterstützung.

So entwickelte sich ganz allmählich unsere Direktvermarktung. Was mit einem Glas Wurst oder mit einem Becher Quark für Freunde und Bekannte begann gipfelte vor etwa zehn Jahren in einem Hofladen. Wurst und Fleisch von eigenen Schweinen, gut gereiftes Rindfleisch, Butter, Joghurt, Quark und Schnittkäse von hofeigener Milch und jede Woche ein frischer Eintopf – der Jahreszeit entsprechend. Lebensmittel, die mit viel Liebe, Sachkenntnis und hohem persönlichen Engagement veredelt werden. Es ist mir ein großes Anliegen, das Wissen über den Wert und die Qualität unserer Nahrung vielen Menschen bewusster zu machen. Selbst hergestellte, natürliche Lebensmittel anstelle von plastikverpackter, sterilisierter Nahrung der Lebensmittelindustrie. Gespräche mit interessierten Kunden über dieses Thema sind eine große Bereicherung für mich. Ich danke allen Kunden, Freunden und Verwandten, die mit eigenen Rezepten zum Gelingen des Buches beigetragen haben.

Herzlichst Ihre

Irmtraut Bredemeier

Mit dem Gedicht *Gastfreundschaft* von Rainer Haak möchte ich Sie zu einem Blick in meine Kochtöpfe einladen und anregen – zum Ausprobieren und Experimentieren …

Ich suche keine perfekten Gastgeber,
die alles richtig vorbereiten
und durchführen,
die nie einen Fehler machen,
die verbindlich lächeln
und gekonnt Konversation betreiben.

Ich suche nichts anderes
als ein offenes Herz,
das sich über mein Kommen
„von Herzen" freut.

Ich suche kein exklusives Haus
mit vornehmem Mobiliar
und teuren Bildern an den Wänden.

Ich suche nichts anderes
als einen Ort
an dem ich mich mit euch zusammen
wohl fühlen darf.

Offene Herzen,
offene Häuser –
meistens sind sie zusammen anzutreffen.

Inhalt

„Oh, wie ist es kalt geworden,
und so traurig, öd und leer!
Rauhe Winde wehn von Norden,
und die Sonne scheint nicht mehr."

(Hoffmann von Fallersleben)

Es ist kalt geworden. Das Land liegt da und wartet. Der weite Blick aus dem Fenster offenbart die schlichte Schönheit einer kargen, scheinbar erfrorenen Natur. Der Januar ist die Zeit für ausgedehnte Winterspaziergänge mit Freunden, Verwandten – oder allein. Auch wenn der Volksmund behauptet, Januarsonne „habe weder Licht noch Wonne" – das Hinausgehen ins Licht ist gerade jetzt nahrhafter und vor allem seelenvoller als jeder sonnige Kurzurlaub unter Palmen. Die Luft ist klar, die Natur ist still, und wenn man von einem dieser langen Spaziergänge heimkehrt und sich am Kamin zusammensetzt, sind es die einfachen Speisen, an denen sich Geist und Seele wärmen; Getränke wie die Feuerzangenbowle etwa. Oder Krambambuli, ein leckerer Teepunsch aus Trockenfrüchten, Weißwein und Tee.

Der Januar ist eine besondere kulinarische Ruhephase: Weihnachten und Neujahr sind vorüber, die üppigen Mahlzeiten der Feiertage sind längst Vergangenheit und dennoch braucht der Körper Wärme und Kraft. Zum Fasten und Verzichten ist es draußen zu kalt und zu unwirtlich. Wintergemüse wie Feldsalat, Grünkohl, Rosenkohl, eingelagerte Gemüse wie Chicorée, Porree, Rote Bete und Schwarzwurzeln stehen auf dem Küchenplan. Der gute alte Boskop ist neben vielfältigen anderen Apfelsorten der beliebteste Bratapfel und behauptet immer wieder seinen Platz als Nachtisch – oder als süße Zwischenmahlzeit. Im Januar werden aber auch die Freunde aus dem Süden eingeladen: Orangen, Apfelsinen und Grapefruits machen den Organismus fit, liefern Energie, bringen als Obstsalat oder Saft Farbe in den Monat der seinen Namen vom Gott Janus erhielt. Dem Hüter der Türen und Tore.

Januar

Fruchtiges Geflügeltöpfchen

Zutaten:
2 Zwiebeln
600 g Hähnchenbrustfilet
1 EL Mehl
2 EL Curry
Cayennepfeffer
1 TL Speisestärke
1 EL Butterschmalz
1 D. Fruchtcocktail (ungezuckert, Abtropfg. ca. 280 g) od. entsprechende Menge fr. Ananas
ca. 1/2 l Geflügelfondbrühe
Salz
etwas Sahne

Zubereitung:
① Die Zwiebeln abziehen und würfeln.
② Hähnchenbrust abspülen, trockentupfen, in Streifen schneiden.
③ Mehl, Curry, Cayennepfeffer und Speisestärke mischen und über das Fleisch geben. Mit einer Gabel so lange vermischen, bis das Fleisch mit der Würzmischung überzogen ist.
④ In einer Pfanne das Butterschmalz erhitzen und das Fleisch kurz und kräftig anbraten. Zwiebeln u. Früchte dazugeben und weich dünsten.
⑤ Mit Geflügelbrühe ablöschen und alles kurz gar ziehen lassen.
⑥ Mit Salz abschmecken und einem Schuss Sahne verfeinern.

Feldsalat mit Walnüssen

Zubereitung:

① Feldsalat putzen, waschen und trockenschwenken.
② Zwiebel schälen und gleichmäßig würfeln, Walnüsse grob hacken.
③ Nüsse und Zwiebel mit dem Salat mischen.
④ Die Zutaten für die Marinade verrühren, abschmecken und über den Salat gießen. Vorsichtig mischen.

Zutaten:
(für 4 Personen)

400 g Feldsalat
1 Zwiebel
100 g Walnusskerne

Marinade:
1 B. Joghurt
Salz
weißer Pfeffer
1 TL Senf
2 EL Walnussöl
1 Pr. Zucker

Schwarzwurzeln mit Mettklößchen

Zubereitung:

① Schwarzwurzeln waschen, schälen, noch mal kurz abspülen und sofort in mit Essig und Salz vermischtes Wasser legen, damit sie nicht braun werden. Nacheinander in ca. 5 cm lange Stücke schneiden.
② Schwarzwurzeln in leicht gesalzenem Wasser zum Kochen bringen und in ca. 15 – 20 Min. garen.
③ Brötchen einweichen, Zwiebel schälen und klein hacken. Das Mett mit Salz, Pfeffer, Ei, der gehackten Zwiebel und dem ausgedrückten Brötchen vermengen und noch mal abschmecken. Mit feuchten Händen kleine Klößchen formen.
④ Schwarzwurzeln abgießen, das Kochwasser auffangen.
⑤ Die Mettklößchen in der Schwarzwurzelbrühe gar ziehen lassen, bis sie schwimmen. Aus der Brühe nehmen.
⑥ Butter schmelzen, Mehl zugeben und anschwitzen lassen. Mit 1/2 l Schwarzwurzelbrühe ablöschen, aufkochen und 10 Min. leicht köcheln lassen.
⑦ Schwarzwurzeln und Fleischklößchen in die Soße geben und erhitzen.
⑧ Mit Salz, Pfeffer und Zucker abschmecken und der Sahne verfeinern.

Zutaten:

1 kg Schwarzwurzeln
3 EL Essig
Salz
1 getr. Brötchen
1 kl. Zwiebel
500 g Mett (nach Belieben Rind od. Schwein)
Pfeffer
1 Ei
40 g Butter
30 g Mehl
1/2 l Schwarzwurzel-Fleischbrühe
1 Pr. Zucker
125 ml Schlagsahne

Pikanter Kartoffelauflauf

Zutaten:
(für 4 Personen)

500 g mageres Schweinefleisch
50 g durchw. Speck
2 Zwiebeln
2 Knoblauchzehen
3 EL Öl
2 Stangen Lauch
1 grüne Paprikaschote
4 Tomaten
500 g Kartoffeln
Fett für die Form
Salz
Pfeffer
1 TL gem. Kümmel
1 TL getr. Thymian
2 EL Butter
250 g saure Sahne
2 fr. Eier
1 TL Paprikapulver (edelsüß)
2 EL ger. Parmesan
1 geh. EL Semmelbrösel

Zubereitung:

① Schweinefleisch in mittelgroße Würfel, den Speck in kleine Würfel schneiden.
② Die Zwiebeln und die Knoblauchzehen schälen und fein hacken.
③ Das Öl in einer Pfanne erhitzen und das Fleisch darin rundherum braun anbraten, dann herausheben.
④ In der gleichen Pfanne den Speck auslassen, die Zwiebeln und die Knoblauchzehen zugeben und glasig dünsten.
⑤ Die Pfanne vom Herd nehmen.
⑥ Den Lauch und die Paprikaschote putzen und waschen, anschließend Lauch in Scheiben und Paprika in Streifen schneiden.
⑦ Die Tomaten putzen, überbrühen, häuten und achteln.
⑧ Die Kartoffeln schälen und in Scheiben schneiden.
⑨ Den Backofen auf 180° C vorheizen (Heißluft).
⑩ Eine feuerfeste Form ausfetten, (jede folgende Lage salzen, pfeffern und mit den Gewürzen bestreuen) mit der Hälfte der Kartoffelscheiben auslegen, darauf die Hälfte des Gemüses geben, das Fleisch darüber verteilen und mit dem restlichen Gemüse und den restlichen Kartoffelscheiben bedecken.
⑪ Die Hälfte der Butter in Flöckchen darauf verteilen.
⑫ Die Form zugedeckt für 1 Std. in den Ofen schieben.
⑬ Die Sahne mit den Eiern, etwas Salz, Pfeffer und Paprikapulver verquirlen, anschließend über den Auflauf gießen.
⑭ Mit Käse und Semmelbröseln bestreuen und mit Butterflöckchen besetzen.
⑮ Den Auflauf ohne Deckel 15 Min. überbacken.

Schinken-Sauerkraut-Rollen

Zubereitung:

① Sauerkraut gut abtropfen lassen.
② Zwiebel schälen, hacken und mit dem Lorbeerblatt und den Wacholderbeeren in der Butter glasig dünsten.
③ Das Sauerkraut dazugeben und einige Minuten weiterdünsten.
④ Mit Salz und Zucker abschmecken.
⑤ Die Schinkenscheiben mit Senf bestreichen, mit Sauerkraut belegen und aufrollen.
⑥ Eine feuerfeste Form fetten, die Rollen hineinlegen, Käsescheiben darüber verteilen und das Bier angießen.
⑦ Im vorgeheizten Backofen bei 200° C 15–20 Min. backen.
⑧ Vor dem Servieren mit Paprikapulver bestreuen.

Zutaten:
(für 4 Personen)

400 g Sauerkraut
1 Zwiebel
1 kl. Lorbeerbl.
8 Wacholderbeeren
1 EL Butter
Salz
etwas Zucker
8 Scheiben gek. Schinken
2 TL mittelscharfer Senf
Butter für die Form
12 Scheiben Edamer
100 ml Bier
Paprikapulver (edelsüß)

Dazu schmeckt Kartoffelpüree.

Spaghetti mit Sauerkrautsugo

Zubereitung:

① Zwiebel schälen und hacken, Knoblauch ebenfalls schälen und zerdrücken, Speck würfeln.
② Alles in Öl andünsten.
③ Champignons putzen und in Scheiben schneiden, Sauerkraut klein schneiden und beides zu der Zwiebel geben, gut durchrühren.
④ Wein angießen, Tomaten zufügen und mit Salz, Pfeffer und Zucker würzen, mit den Kräutern abschmecken.
⑤ Die Soße ca. 15 Min. einkochen lassen.
⑥ In der Zwischenzeit die Spaghetti bissfest kochen.
⑦ Anschließend mit dem Sugo servieren.

Zutaten:
(für 4 Personen)

1 Zwiebel
2 Knoblauchzehen
200 g Frühstücksspeck
2 EL Rapsöl
100 g fr. Champignons
300 g mildes Weinsauerkraut
100 ml trockener Weißwein
400 ml Tomaten a. d. D.
Salz
Pfeffer
Zucker
Thymian
Rosmarin
Basilikum
300 g Spaghetti

Wer mag, streut geriebenen Käse darüber.

Käse-Schinken-Schnitzel

Zutaten:

4 Kalbsschnitzel
(ca. 2 cm dick)
Salz
Pfeffer
2 Scheiben gek. Schinken
4 Scheiben Schnittkäse nach Geschmack
2 EL Mehl
2 fr. Eier
3 EL Paniermehl
40 g Butterschmalz zum Braten

Zubereitung:

① In die Schnitzel eine Tasche schneiden und mit der flachen Hand die Schnitzel leicht klopfen.
② Mit Salz und Pfeffer würzen.
③ In die Tasche je eine Scheibe Schinken und Käse hineingeben und die Schnitzel mit einem Holzspieß zusammenstecken.
④ Die Schnitzel zuerst in Mehl und dann in verquirltem Ei und zum Schluss in Paniermehl wenden. Die Panade gut andrücken.
⑤ Butterschmalz in einer Pfanne erhitzen.
⑥ Die Schnitzel von jeder Seite ungefähr 6 – 8 Min. braten.

Rinderhacksteak »Strindberg«

Zutaten:
(für 4 Personen)

500 g Rinderhack
1 eingeweichtes Brötchen
2 kl. fr. Eier
80 g gew. Zwiebeln
Salz
Pfeffer
evtl. etwas Muskatnuss
1 EL Öl
etwas Senf

Zubereitung:

① Aus Hackfleisch, eingeweichtem und ausgedrücktem Brötchen, Eiern, Zwiebeln und Gewürzen einen Fleischteig kneten und ovale, flache Steaks formen.
② Öl in einer Pfanne erhitzen. Die Hacksteaks auf jeder Seite kurz anbraten, danach gar braten.
③ Die Steaks auf eine vorgewärmte Platte legen und warm halten.
④ Für den Belag die Zwiebeln zu Mus hacken und mit Senf abschmecken.
⑤ Die Masse auf die Steaks streichen und bei 180° C im Backofen überbacken, bis das Zwiebelmus goldbraun ist.

Wildragout

Zubereitung:

① Das Fleisch abspülen, trockentupfen und in gleichmäßige Würfel schneiden.
② Die Zutaten für die Beize in einer Schüssel mischen und das Fleisch zugeben. In der Beize wenden, zugedeckt ca. 24 Std. stehen lassen. (Wildfleisch von jungen Tieren muss nicht unbedingt gebeizt werden.)
③ Zwiebeln schälen und in Streifen schneiden.
④ Mehl mit Paprika mischen, Fleisch in der Mehlmischung wenden.
⑤ Butterschmalz im Bräter erhitzen und den Speck glasig braten.
⑥ Das Fleisch zufügen und rundherum anbraten. Die Zwiebeln zufügen und weiterbraten.
⑦ Mit der durchgesiebten Marinade ablöschen, salzen, pfeffern und zugedeckt ca. 60–70 Min. schmoren lassen.
⑧ Kurz vor Ende der Garzeit die Champignons zufügen.
⑨ Die Sahne mit Mehl verquirlen und die Soße damit binden. 3 Min. leicht kochen lassen.
⑩ Mit Salz und Pfeffer abschmecken.

Zutaten:
(für 4 Personen)

750 g Wildfleisch v. Keule, Schulter od. Hals

Beize:
1/2 l Rotwein
1 Lorbeerbl.
4 Nelken
1/2 TL Pfefferkörner

2 Zwiebeln
1 EL Mehl
1 TL Paprikapulver (edelsüß)
30 g Butterschmalz
70 g durchw. Speck
Salz
gem. schwarzer Pfeffer
500 g fr. Champignons od. Mischpilze
200 ml saure Sahne
1 TL Mehl

Dazu schmecken Bandnudeln, Rotkohlsalat und Birnen mit Preiselbeeren

Krambambuli

Zubereitung:

① Das Obst entkernen und würfeln.
② Eine Orange dünn schälen und die Schale in feine Streifen schneiden.
③ Starken Tee kochen. Tee mit Obst, Rosinen, Orangensaft und Wein in einen Kupferkessel gießen, erhitzen und auf ein Rechaud stellen.
④ Auf den Kessel eine Feuerzange und den Zuckerhut legen. Mit dem Rum tränken, anzünden und in das Getränk tropfen lassen.
⑤ Umrühren und in feuerfesten Gläsern servieren.

Zutaten:
(für 8 Personen)

100 g gemischtes Trockenobst
Schale v. 1 unbeh. Orange
1 l starker schwarzer Tee
2 EL Rosinen
Saft v. 2 Orangen
2 l Weißwein
1 Zuckerhut
1–2 Suppenkellen Rum (54%)

Bratäpfel

mit Vanilleeis und Zimtsahne

Zutaten:
(für 4 Personen)
4 Äpfel
8 EL Preiselbeerkompott
20 g Butter (weich)
4 TL Zucker
10 g geha. Nüsse
10 g Mandelblättchen
125 g Sahne
etwas Vanillezucker
etwas Zimt
4 Kugeln Vanilleeis

Zubereitung:

① Die Äpfel waschen, trocknen und entkernen. Danach in gefettete Förmchen oder auf ein Backblech setzen, mit Preiselbeeren füllen.

② Butter mit Zucker, Nüssen und Mandeln vermischen, anschließend auf den Äpfeln verteilen.

③ Diese nun bei 180° C im Elektroherd ca. 30–40 Min. braten.

④ Sahne mit Vanillezucker und Zimt steif schlagen, zu den Bratäpfeln mit je 1 Kugel Eis servieren.

Ediths Nussblätterteigtorte

Zutaten:
180 g Butter
130 g Zucker
230 g Mehl
1 fr. Ei
200 g geha. Nüsse
ca. 3/4 l geschlagene Sahne
ca. 1 Gl. Johannisbeergelee
200 g Marzipan
200 g Nougat

Zubereitung:
① Aus Butter, Zucker, Mehl, Ei und den Nüssen einen Teig herstellen.
② Daraus bei 200° C ca. 10–20 Min. 4 Böden backen (leicht braun).
③ Jeden Boden mit dem Johannisbeergelee und der Sahne bestreichen und die Böden zu einer Torte zusammensetzen.
④ Das Marzipan ausrollen und über die Torte legen, anschließend kalt stellen.
⑤ Nougat im Wasserbad schmelzen lassen und die Torte mit dem geschmolzenem Nougat überziehen.

Birnensalat

Zutaten:
4 Birnen
2 EL Zucker
1/2 l Wasser
1 kl. Sellerieknolle
150 g roher Schinken
2 EL geha. Walnusskerne
1 l. Mayonnaise
4 EL Sahne
1 EL Zitronensaft
etwas Senf
etwas Salz
etwas Paprikapulver

Zubereitung:
① Birnen waschen, schälen, achteln, Kerngehäuse ausschneiden. Mit dem Zucker in kochendes Wasser geben. Bissfest kochen. Abtropfen und abkühlen lassen.
② Die Sellerieknolle waschen, schälen und in feine Streifen schneiden.
③ Den Schinken in Streifen schneiden und mit den gehackten Walnusskernen mischen.
④ Mayonnaise mit Sahne, Zitronensaft, Senf, Salz und Paprika verrühren und abschmecken.
⑤ Birnen mit den anderen Salatzutaten mischen, mit der Soße übergießen und gut durchziehen lassen.

Als Beilage eignen sich Toast und Butter

Im Karneval, im Karneval tut jeder, was er kann.
Der Egon geht als Eskimo, und Ernst als schwarzer Mann.
Der dicke Ritter Kunibert, der hat es gleich entdeckt,
dass unter dem Kartoffelsack des Nachbarn Hansel steckt.
Der Franzl geht als Zauberer und Fritz ist Polizist,
doch niemand hat bisher erkannt, wer dort die Hexe ist.
Die Lehrerin ist Hans im Glück, Klein Ruth spielt Lehrerin
und unsere Marktfrau Barbara ist Schönheitskönigin.

(Bruno Horst Bull)

Der zweite Monat des Jahres macht Ernst: mit guten Vorsätzen und vor allem auch mit dem Spaß. Wie an einer Straßenkreuzung entscheiden sich die Leute, wohin und mit welcher Haltung sie das Jahr beschreiten werden. Der Februar wirkt wie ein Vor- und Nachbereitungsmonat. Viele Menschen entlasten sich von dem, was stört (Fastenkuren, Entschlackungskuren etc.), und sie legen Wert auf das, was zählt. Die Liebe etwa, am Valentinstag, dem 14. Februar. Sie feiern mit den Narren den Karneval, doch grundsätzlich macht sich ein Gefühl des Neubeginns breit, das zu allererst im eigenen Körper beginnt. Sauerkraut und Molke sind ideale Nahrungsmittel, um den Körper von innen zu putzen. Weißkohl, der vier Wochen mit Salz im Holzfass oder Steintopf eingelegt wurde, wird durch die milchsaure Gärung zu Sauerkraut, gekocht oder roh das Entschlackungsgemüse schlechthin. Molke wiederum, ein Nebenprodukt bei der Käseherstellung, kann getrunken, aber auch von außen angewendet werden. Als Bad versprachen sich schon die alten Römer von Molke eine schöne Haut, Abhilfe bei Rheuma oder Gicht. Molke ist reich an wasserlöslichen, lebenswichtigen Vitaminen und wer täglich einen Liter Molke trinkt, hat seinen Tagesbedarf an Calcium beinahe schon gedeckt.

Noch halten sich die Menschen zurück und die Natur tut das auch. Die Januargemüse haben weiterhin Saison, ebenso der Chinakohl (der in der Tat aus China stammt, dort seit dem 5. Jahrhundert, hier aber erst seit dem 19. kultiviert wird). Süße Krapfen kündigen Karnevalsfeiern an, doch ansonsten bleibt der Speiseplan in der gleichen Stimmung wie schon seit jeher: Im altrömischen Kalender war der Februar der letzte Monat und stand für Zäsur und Neubeginn.

Februar

Waldorfsalat

Zutaten:
(für 4 Personen)

500 g Sellerie
500 g Äpfel
2 Scheiben Ananas
Saft v. 1–2 Zitronen
50 g Mayonnaise
1 Pr. Zucker
1 Pr. Salz
1 Pr. Pfeffer
$^1/_8$ l Sahne
100 g geha. Walnusskerne

Zubereitung:

① Sellerie und Äpfel schälen und raspeln. Ananas fein schneiden.
② Alles miteinander vermengen und mit dem Zitronensaft marinieren.
③ Mayonnaise mit Zucker, Salz und Pfeffer verrühren und die halb steif geschlagene Sahne unterheben.
④ Die Soße mit dem Salat locker vermischen und mit gehackten Walnüssen bestreuen.

Chinakohlsalat

mit Orangen, Äpfeln und Rosinen

Zutaten:
(für 4 Personen)

1 Kopf Chinakohl (ca. 800 g)
2 Orangen od.
1 kl. D. Mandarinen
2 Äpfel
2 EL Rosinen

Soße:
8 EL Sahne
2 EL Kräuteressig (5%)
1 TL Zucker (od. nach Geschmack)

Zubereitung:

① Den Salat putzen, halbieren, Strunk entfernen und in Streifen schneiden.
② Die Orangen schälen und die Filets aus den Häuten schneiden. Dabei über einer Schüssel arbeiten, damit kein Saft verloren geht.
③ Äpfel schälen, vierteln, entkernen und in feine Spalten schneiden.
④ Alle Salatzutaten miteinander mischen.
⑤ Zutaten für die Soße mit dem aufgefangenen Orangensaft locker aufschlagen und über den Salat geben.
⑥ Kurz durchziehen lassen.

Chicorée mit Schinken und Käse

Zubereitung:

① Chicorée waschen und putzen. Den bitteren Kern am Wurzelende keilförmig raus schneiden. In kochendes, leicht gesalzenes Wasser geben. Butter und Zitronensaft zufügen und 8–10 Minuten dünsten.

② Die Stauden aus dem Kochwasser nehmen und abtropfen lassen.

③ Jede Stange in Schinken und Käse einwickeln und in eine eingefettete, feuerfeste Form legen.

④ Tomaten halbieren, Stängelansatz herausschneiden, pfeffern, salzen und um den Chicorée legen. Butter in Flöckchen auf den Tomaten verteilen.

⑤ Im vorgeheiztem Backofen bei 180° C ca. 20 Min. überbacken.

Zutaten:

4 Chicorée-Stauden
1 EL Butter
1 TL Zitronensaft
4 Scheiben gek. Schinken
4 Scheiben Edamer
Öl zum Einfetten
4 Tomaten
Pfeffer
Salz
20 g Butter zum Belegen

Sauerkrauteintopf

Zutaten:
(für 4 Personen)

600 g Kasseler Bauch od. fr. Schweinebauch
1 l Wasser
Salz
600 g Kartoffelwürfel
2 EL Butter
1 Zwiebel, in Scheiben geschnitten
1 Lorbeerbl.
8 Wacholderbeeren
1 kg Sauerkraut
Salz u. etwas Zucker

Zubereitung:

① Das Fleisch mit ca. 1 l Wasser und etwas Salz zum Kochen bringen und kurz vor Ende der Garzeit die Kartoffelwürfel zufügen und vollständig gar kochen.
② Fleisch und Kartoffeln aus der Brühe nehmen, Brühe auffangen, zur Seite stellen.
③ Fleisch würfeln.
④ Butter im Topf erhitzen und die Zwiebeln mit dem Lorbeerblatt und den Wacholderbeeren kurz anbraten, das Sauerkraut zufügen und anschwitzen.
⑤ Die Brühe angießen und bei milder Hitze 10 Min. garen.
⑥ Kartoffelwürfel und Fleisch zufügen, mit Salz und Zucker abschmecken.

Dazu schmeckt eine Scheibe kräftiges Bauernbrot.

Nackenbraten

mit Backpflaumen und Ananas

Dazu schmecken Salzkartoffeln und Rosenkohl.

Zutaten:
(für 4 Personen)

1 kg Schweinenacken od. Rücken
1 Knoblauchzehe
Salz
Pfeffer
Senf
je 1 Stück Sellerie, Möhre u. Zwiebel
1 P. Kurpflaumen ohne Stein
1 kl. D. Ananasstücke
100 ml Sahne
etwas Zitronensaft
Zucker
1/4 l Fleischbrühe
evtl. Soßenbinder
1–2 EL Schmand

Zubereitung:

① Das Fleisch mit der Knoblauchzehe einreiben, dann mit Salz, Pfeffer und Senf, anschließend mit Sellerie, Möhre und Zwiebel in den Bräter geben.
② Bei 180° C im Backofen ca. 60–75 Min. bei geschlossenem Deckel braten.
③ In der Zwischenzeit die Kurpflaumen mit den Ananasstücken füllen.
④ Die Sahne steif schlagen, mit Zitrone und Zucker abschmecken und die gefüllten Pflaumen unterheben. Kalt stellen.
⑤ Den Braten nach dem Garen warm stellen.
⑥ Den Bratenfond mit Fleischbrühe ablöschen und etwas einkochen lassen, evtl. mit Soßenbinder andicken.
⑦ Mit Senf, Salz und Pfeffer abschmecken und mit Ananassaft und Schmand verfeinern.
⑧ Das Fleisch aufschneiden und auf einer Platte mit den gefüllten Backpflaumen anrichten.

Leber mit Zwiebeln

Zutaten:
(für 4 Portionen)

500 g Rinder- od. Schweineleber
350 g milde Zwiebeln
1 Bd. glatte Petersilie
4 EL Olivenöl
100 ml kräftige Fleischbrühe
Salz
fr. gem. Pfeffer a. d. Mühle

Zubereitung:

① Leber in schmale Streifen schneiden.
② Zwiebeln in dünne Halbringe schneiden, die Hälfte der Petersilie sehr fein hacken.
③ In einer Pfanne das Öl erhitzen. Zwiebelringe und gehackte Petersilie hineingeben, bei milder Hitze 10 Min. dünsten, bis die Zwiebeln glasig sind.
④ Brühe angießen und die Temperatur erhöhen.
⑤ Leber hineingeben und unter häufigem Wenden in ca. 4 Min. garen.
⑥ Übrige Petersilie grob hacken.
⑦ Leber mit Salz und Pfeffer abschmecken und Petersilie aufstreuen.

Dazu passt: Kartoffelpüree, Weißbrot oder Polenta, z.B. wie folgt

Kräuterpolenta mit Frischkäse

Zutaten:
(für 4 Portionen)

2 Schalotten
1 Knoblauchzehe
1 l Gemüsebrühe
200 g Sahne od. Milch
250 g Maisgrieß (Polenta)
Salz
Pfeffer
1 gr. Bd. gemischte Kräuter
250 g Frischkäse mit Gartenkräutern

Zubereitung:

① Die Schalotten und den Knoblauch fein hacken. Ohne Fett im Topf kurz anrösten.
② Die Brühe und die Sahne dazugeben und aufkochen.
③ Den Maisgrieß langsam einrühren und bei schwacher Hitze 15 Min. köcheln lassen. Salzen und pfeffern.
④ Die Kräuter fein hacken und mit dem Frischkäse unter die fertige Polenta rühren.

Gefüllte Blätterteiglocken

Zutaten:
(für 6 Personen)

2 P. TK-Blätterteig
1 fr. Eigelb

Heringssalat:

2 Heringsfilets nach Matjesart
1 Gewürzgurke
1 Apfel
2 mittelgr. Pellkartoffeln
1 gek. Rote Bete od. ca. 50 g a. d. Gl.
1 EL Mayonnaise
1 EL Sahne
Salz
Pfeffer

Zubereitung:

① Den Blätterteig auftauen lassen und in Quadrate schneiden.
② Eigelb verquirlen.
③ Die Quadrate auf Alufolie wie Eistüten zusammenrollen. Mit verquirltem Eigelb bestreichen und im vorgeheizten Backofen bei 220° C ca. 10–15 Min. backen.
④ Danach die Folie entfernen und die Locken auskühlen lassen.
⑤ Für den Heringssalat alle Zutaten fein würfeln. Mayonnaise mit der Sahne verrühren und mit Salz und Pfeffer abschmecken.
⑥ Mit den übrigen Zutaten gut mischen.
⑦ Für den Fruchtsalat Apfelsine, Mandarine und Sellerie schälen und fein würfeln.
⑧ Mayonnaise, Sahne und Zitronensaft verrühren, alles mischen und die gehackten Nüsse unterheben.

⑨ Für den Paprikasalat die Paprikaschoten putzen und in feine Streifen schneiden.
⑩ Mit Champignons und Zwiebelwürfeln mischen.
⑪ Aus Essig, Salz, Pfeffer, Zucker und Öl eine Salatsoße rühren und mit dem Paprikasalat mischen.
⑫ Salate kurz vor dem Servieren in die Blätterteiglocken füllen und auf einer Platte anrichten.
⑬ Salatreste zusätzlich anbieten.

Fruchtsalat:
1 Apfelsine
1 Mandarine
100 g gek. Sellerie
1 EL Mayonnaise
1 EL Sahne
1 EL Zitronensaft
1 EL geha. Walnüsse

Paprikasalat:
je 1 kl. rote, grüne u. gelbe Paprikaschote
2 EL blättrig geschnittene Champignons, fr. od. a. d. Gl.
1 kl. gew. Zwiebel
3 EL Essig
1 Pr. Salz
schwarzer Pfeffer
1 Pr. Zucker
2 EL Öl

Als festliches Abendessen für Gäste oder die Familie.

Rosenkohl »Altdeutsche Art«

Zubereitung:
① Rosenkohl putzen, waschen und abtropfen lassen
② Die Strünke über Kreuz etwas einschneiden
③ Rosenkohl in Salzwasser bei schwacher Hitze ca. 15 Min. garen.
④ Auf ein Sieb geben und abtropfen lassen.
⑤ Den Speck und die abgezogene Schalotte fein würfeln.
⑥ 60 g Butter schmelzen lassen, Speck und Zwiebelwürfel in der Butter goldgelb braten.
⑦ Rosenkohl in das Fett-Zwiebel-Gemisch geben und durchschwenken.
⑧ Mit Salz, Pfeffer und Muskat abschmecken.

Zutaten:
1 kg Rosenkohl
75 g durchwachsener Speck
1 Schalotte
60 g Butter
etwas Salz
etwas Pfeffer a. d. Mühle
etwas Muskatnuss

Frische Ananas

mit marinierten Erdbeeren

Zutaten:
(für 4-6 Personen)
1 Ananas (ca. 800 g)
500 g Erdbeeren
Zucker nach Geschmack
1 kräftiger Schuss Rum
1 P. Vanillezucker

Statt frischer Erdbeeren lassen sich sehr gut TK-Früchte verwerten.

Zubereitung:

① Die Ananas längs halbieren und mit einem kleinen Messer das Fruchtfleisch aus der Schale lösen. Den harten Strunk entfernen. Das Fruchtfleisch in nicht zu große Stücke schneiden.

② Die Erdbeeren vorsichtig waschen, putzen und halbieren oder vierteln, mit dem Zucker vermengen und den Rum darüber geben. Abgedeckt eine Weile marinieren lassen.

③ Ananasstücke und Erdbeeren miteinander mischen und in die Ananashälften füllen.

Serviertipp:
Auf einer großen Platte mit Vanilleeis und Schlagsahne anrichten.

Krapfen

Zutaten:
500 g Mehl
40 g Hefe
200 ml Milch
50 g Zucker
50 g Butter (Schmalz od. Öl)
2 fr. Eigelb
1/2 TL Salz
2 cl Rum
Fett zum Frittieren
ggf. Konfitüre

Zubereitung:

① Das Mehl in eine Schüssel sieben und in die Mitte eine Vertiefung drücken. Die Hefe hineinbröckeln und mit der Milch, etwas Zucker und etwas Mehl zu einem Vorteig verrühren. Zugedeckt ca. 15 Min. gehen lassen.

② Den restlichen Zucker, das Fett, die Eigelbe, Salz und Rum mit dem Vorteig und dem gesamten Mehl zu einem glatten Hefeteig verkneten.

③ Den Teig kräftig schlagen bis er Blasen wirft. Nochmals 20 Min. gehen lassen.

④ Danach den Teig 2 cm dick ausrollen und mit einem Ausstecher tassengroße Plätzchen ausstechen. Noch einmal gehen lassen.

⑤ In der Zwischenzeit das Fett in der Friteuse auf 175° C erhitzen. Die Krapfen in das heiße Öl legen und auf jeder Seite goldbraun backen, auf Küchenkrepp abtropfen lassen und in Zucker wälzen.

⑥ Eventuell mit Konfitüre füllen.

Käsekuchen mit Baiser

Zubereitung:

① Aus den Zutaten für den Teig einen Knetteig herstellen und in eine Springform drücken. Dabei den Rand hochziehen.
② Die Zutaten für den Belag, von Quark bis Milch, miteinander verrühren und in die Springform füllen.
③ Bei 180° C ca. 40–50 Min. backen. In der Zwischenzeit das Eiweiß mit dem Zucker zu Schnee schlagen und nach der Backzeit auf den Kuchen streichen.
④ Nochmals ca. 15 Min. backen.

Zutaten:

Teig:
200 g Mehl
100 g Butter
75 g Zucker
1 fr. Ei
1 TL Backpulver
1 Pr. Salz

Belag:
750 g Quark
150 g Zucker
1 P. Vanillezucker
Saft v. 1/2 Zitrone
1 1/2 P. Sahnepuddingpulver
3 fr. Eigelb
150 ml Öl
1/2 l Milch
3 fr. Eiweiß
100 g Zucker

Optimus (Molke mit Sekt)

Ein Hit für die nächste Feier!

Zubereitung:

① Den Glasrand zuerst in Zitronensaft tauchen und anschließend in Zucker.
② Die Molke vorsichtig ins Glas gießen.
③ Mit dem gut gekühlten Sekt auffüllen.

Gut für den Organismus und den Optimismus...

Zutaten:
(pro Glas)
125 ml Fruchtmolke (Orangen- od. Zitronengeschmack)
125 ml Sekt
etwas Zucker
etwas Zitronensaft

„Im Märzen der Bauer…“

… So beginnt ein altes Volkslied, denn im März endet der Winter und der Frühling beginnt (präzise am 20. März). Doch auch für Nichtlandwirte ist dieser Monat ein Monat des Aufbruchs, des vorsichtigen Fühlens und Riechens und Schmeckens. Jeder, der nach dem langen, lichtarmen Winter, zum ersten Mal wieder dieses gewisse Etwas verspürt, das in der Luft liegt, anders riecht, frischer, lebendiger, und jeder, der die Sonnenstrahlen mit ihrem wirkungsvolleren Licht auf der Haut verspürt, braucht aber eigentlich kein Datum und keine Zeitrechnung, um zu wissen: Es ist so weit. Gute Laune ohne besonderen Grund wirkt wie ein unsichtbarer Motor in allen Bereichen des menschlichen Organismus – inklusive des Geistes. Auch die Natur und die Nahrungsmittel ergänzen dieses Programm.

Eine Kundin schreibt mir: *„Wenn im Frühjahr der Garten noch nicht viel hergibt, sollte man zusätzlich mal auf Wiesen nach Zutaten suchen: Sauerampferblätter, Gänseblümchen (Blätter und Blüten), Gundermannblätter, zarte Löwenzahnblätter, Sauerklee (als Zitronenersatz), Wegerichblätter und Bärlauch können zusammen mit Radieschen und Spinatblättern (ab März schon unter Glas zu ernten) zu einem Salat verarbeitet werden.“*

März

Radieschensalat

Zutaten:
2 Bd. Radieschen
etwas Salz
200 g Gouda
2 hart gek. fr. Eier
1 Bd. Schnittlauch

Marinade:
1 TL grobkörniger Senf
2 EL Essig
6 EL Öl
1 Pr. Zucker
Salz
weißer Pfeffer

Zubereitung:
① Radieschen putzen, waschen und abtropfen lassen. In dünne Scheiben schneiden und leicht salzen.
② Käse in dünne Streifen schneiden.
③ Eier in Scheiben schneiden.
④ Käse und Eier mit den Radieschen mischen.
⑤ Schnittlauch klein schneiden.
⑥ Für die Salatsoße Senf mit Essig und Öl glattrühren. Mit Zucker, Salz und Pfeffer abschmecken.
⑦ Marinade über den Salat gießen, mit Schnittlauch bestreuen und mischen.
⑧ Salat 15 Min. zugedeckt ziehen lassen.

Kressesalat

Zutaten:
4 Kästchen Kresse
80 ml Sahne
40 ml Öl
1 kl. Zwiebel
Saft v. 1 Zitrone
2 EL Wasser
Salz
Pfeffer
2 TL Zucker
1/2 Bd. Petersilie
1/2 Bd. Radieschen
2 hart gek. fr. Eier

Zubereitung:
① Kresse abschneiden und mit kaltem Wasser kurz überbrausen. Auf einem Sieb abtropfen lassen.
② Sahne und Öl in eine Schüssel geben, Zwiebel schälen und fein hacken und zusammen mit dem Zitronensaft und dem Wasser in die Soße geben. Mit Salz, Pfeffer und Zucker abschmecken.
③ Petersilie unter kaltem Wasser abspülen, trockentupfen, fein schneiden und in die Soße rühren. Kresse in eine Salatschüssel geben, Soße darüber gießen.
④ Radieschen abspülen, Stiel und Wurzeln entfernen und in Scheiben schneiden.
⑤ Hart gekochte Eier schälen,grob hacken und mit den Radieschenscheiben über den Salat streuen.

Buttermilchkartoffeln

Dazu wurden früher Pfannkuchen gegessen.

Zutaten:
(für 4 Personen)
1 kg Kartoffeln
Wasser zum Kochen
Salz
Lorbeer
3 Pimentkörner
2 Schalotten
1 l Buttermilch
1 EL Mehl
1 Pr. Zucker
ggf. etwas Sahne

Zubereitung:
① Kartoffeln in Würfel schneiden, mit Wasser, Salz, Lorbeer, Piment und Schalotten gar kochen.
② Buttermilch und Mehl miteinander verquirlen.
③ Wenn die Kartoffeln gar sind, evtl. etwas Flüssigkeit abgießen und die Gewürze entfernen.
④ Die Buttermilch mit dem Mehl verquirlen.
⑤ Die angerührte Buttermilch zu den Kartoffeln geben und unter ständigem Rühren aufkochen lassen, mit Salz, Pfeffer und Zucker abschmecken, evtl. mit einem Schuss Sahne verfeinern.

Speck und Zwiebeln anbraten und dazugeben.

Kräutercrêpes mit Lachs

Zutaten:
125 g Mehl
$1/4$ TL Salz
1 Pr. Zucker
3 fr. Eier
knapp $1/8$ l Milch
knapp $1/8$ l Sahne
2 EL Butter
je $1/2$ Bd. Petersilie, Kerbel, Schnittlauch u. 2 Stängel Estragon, od. ersatzweise 1 P. TK-Kräutermischung
Butterschmalz zum Backen
3 EL Crème fraîche
etwas Pfeffer
200 g Räucherlachs

Zubereitung:
① Mehl in eine Schüssel sieben, Salz, Zucker und Eier zugeben, mit Milch und Sahne verrühren.
② Zerlassene, leicht abgekühlte Butter in den Teig rühren und die fein gehackten Kräuter untermischen.
③ Butterschmalz erhitzen und nacheinander Crêpes darin backen.
④ Nach dem Backen auf ein Stück Alufolie gleiten lassen.
⑤ Die Crêpes mit Crème fraîche bestreichen, leicht pfeffern und mit Lachs belegen.
⑥ Fest aufrollen, in die Alufolie wickeln und kühl stellen.
⑦ Zum Servieren schräg aufschneiden.

Mit Salatgarnitur auf einem Teller anrichten und mit Sahnemeerrettich und Toast als leckere und dekorative Vorspeise anbieten.

Zutaten:
(für 4 Personen)

Teig:
170 g Dinkelvollkornmehl
etwas Jodsalz
3 EL Olivenöl
7 EL Wasser

Füllung:
170 g Zwiebelwürfel
2 EL Olivenöl
800 g Spinat
Salz
Pfeffer
Muskatnuss
170 g körniger Frischkäse
2 kl. fr. Eigelb
40 g Haferflocken
30 g weiche Butter

weitere Zutaten siehe nächste Seite

Spinatstrudel mit Käsesoße

Zubereitung:

① Aus den Zutaten einen glatten Teig herstellen und ca. 1 Std. bei Zimmertemperatur stehen lassen.
② Zwiebelwürfel in heißem Olivenöl andünsten.
③ Den gewaschenen und verlesenen Spinat klein zupfen, zu den Zwiebeln geben, würzen und mit dünsten. Die entstandene Flüssigkeit abgießen.
④ Frischkäse und Eier vermischen und mit den Haferflocken unter den kalten Spinat heben.
⑤ Den Teig dünn ausrollen und über dem Handrücken auf einem Tuch dünn ausziehen. Mit der weichen Butter bestreichen.
⑥ Die Spinatmasse darauf verteilen und den Strudel mit Hilfe des Tuches aufrollen.
⑦ Auf ein mit Backpapier ausgelegtes Blech setzen und nochmals dünn mit Butter bestreichen.
⑧ Bei 180° C ca. 45 Min. backen.

⑨ Für die Käsesoße die Butter in einem Topf erhitzen, das Mehl einstreuen und anschwitzen lassen.
⑩ Heiße Fleischbrühe und Milch angießen. Dabei kräftig rühren. Mit Salz, Pfeffer und Kümmelpulver würzen.
⑪ Geriebenen Käse zugeben. Unter ständigem Rühren leicht köcheln lassen, bis der Käse zerlaufen ist.
⑫ Eigelb verquirlen, etwas heiße Soße einschlagen und wieder in den Topf rühren. Nicht mehr kochen lassen.
⑬ Abschmecken und heiß zum Spinatstrudel servieren.

weitere Zutaten:

Käsesoße:
30 g Butter
30 g Mehl
$^1/_4$ l heiße Fleischbrühe aus Würfeln
$^1/_4$ l Milch
Salz
weißer Pfeffer
gem. Kümmelpulver
250 g Emmentaler
1 fr. Eigelb

Griechisches Hähnchen

Zubereitung:
① Kartoffeln und Zwiebeln schälen.
② Zitronen auspressen, die Saftmenge abmessen und mit derselben Menge Olivenöl mischen.
③ Den Masthahn in 6–8 Portionen teilen (die Karkasse für eine Geflügelbrühe verwenden), mit Salz und Pfeffer einreiben und mit Thymian bestreut in der Fettpfanne verteilen.
④ Die grob zerkleinerten Kartoffeln und Zwiebeln zugeben.
⑤ Zitrone mit Schale in Scheiben schneiden und in die Fettpfanne geben.
⑥ Alles mit dem Zitronen-Öl-Gemisch beträufeln.
⑦ Bei 180° C ca. 1–1 $^1/_2$ Std. garen.
⑧ Vor dem Servieren mit Basilikum und Petersilie bestreuen.

Zutaten:
(für 4 Personen)
1 kg Kartoffeln
750 g Zwiebeln
Saft v. 5 Zitronen
ca. $^1/_4$ l Olivenöl
1 gr. Masthähnchen
Salz
Pfeffer
2 EL getr. Thymian
1 unbeh. Zitrone
fr., geha. Basilikum
fr., geha. Petersilie

Kasseler in Blätterteig

Zutaten:
(für 6 Personen)

800 g Kasseler (ausgelöst)
Pfeffer a. d. Mühle
5 EL Butterschmalz
1/4 l Gemüsefond
750 g säuerl. Äpfel
2–3 EL Zitronensaft
1 P. TK-Blätterteig
Fett für das Blech
30 g Semmelbrösel
1 fr. Ei (getrennt)
150 ml Schlagsahne
2 TL Meerrettich
Pfeffer
1 Pr. Zucker
1/2 Bd. geha., glatte Petersilie

Zubereitung:

① Kasseler mit Pfeffer würzen, 2 EL Butterschmalz in einem Bräter erhitzen, das Fleisch darin anbraten. Den Gemüsefond dazugießen, zugedeckt 10 Min. schmoren lassen.
② Die Äpfel schälen, vierteln, entkernen und längs in breite Spalten schneiden.
③ Die Apfelspalten mit Zitronensaft beträufeln, in mehreren Portionen im restlichen Butterschmalz goldgelb anbraten.
④ Den Blätterteig auf einem gefetteten Blech entrollen und gleichmäßig mit den Semmelbrösel bestreuen.
⑤ Das abgetropfte Fleisch auf die eine Seite des Teiges setzen und mit dem Eiweiß bestreichen.
⑥ Die Hälfte der Apfelspalten auf dem Fleisch verteilen. Den Teig über den Braten klappen, so dass die Teignaht an der Seite sitzt, Teig gut andrücken und mit verquirltem Eigelb bestreichen.
⑦ Kasseler im vorgeheiztem Backofen bei 200° C auf der untersten Einschubleiste 40 Min. backen.

8. Den Bratenfond und die Sahne 5 Min. einkochen lassen. Mit Meerrettich, Pfeffer, Zucker und restlichem Zitronensaft würzen.
9. Restliche Apfelspalten und Petersilie dazugeben.
10. Den Braten kurze Zeit im ausgeschalteten Ofen ruhen lassen, dann in Scheiben schneiden und mit der Apfel-Meerrettich-Soße servieren.

Die Zubereitungszeit beträgt ca. 90 Min.

Schweinefleisch süß-sauer

Zutaten:
(für 4 Personen)

750 g Schweinefilet
10 EL Sojasoße
Salz
Pfeffer
75 g Stärkepulver
10 EL Öl
2 rote Paprikaschoten
1 grüne Paprikaschote
1 kl. D. Ananas
1/8 l Fleischbrühe
6 cl trockener Sherry
5 EL Essig
Salz
Tabasco

Zubereitung:

1. Fleisch würfeln und mit 3 EL Sojasoße, Salz und Pfeffer mischen.
2. In 50 g Stärkepulver wenden und in 8 EL Öl braun braten. Warm stellen.
3. Paprikaschoten waschen, würfeln und mit der Ananas (Saft auffangen) im restlichen Öl andünsten.
4. Fleischbrühe zugießen. Restliche Sojasoße, Sherry, 1/8 l Ananassaft und Essig zugeben.
5. Mit Salz und Tabasco abschmecken und mit dem restlichen Stärkepulver andicken.

Kräuterbrötchen

Zutaten:

350 g Mehl (Type 1050)
150 g feines Weizenschrot
40 g Hefe
1 TL Zucker
2 TL Meersalz
1 fr. Ei
fr. gem. Pfeffer
80 g Butter
knapp 1/2 l Milch
1 Bd. gemischter Kräuter (fein geha.)
Butter zum Einfetten
1 fr. Eigelb

Zubereitung:

1. Einen Hefeteig bereiten und zum Schluss die Kräuter einarbeiten.
2. Zugedeckt ca. 30 Min. gehen lassen, anschließend nochmals durchkneten.
3. Ein Backblech einfetten, aus dem Teig kleine Brötchen formen und auf das Blech setzen.
4. Mit verquirltem Eigelb besteichen und im vorgeheizten Backofen bei 200° C ca. 20 Min. backen.

Bauernomelett

Zutaten:
(für 4 Personen)
1 kg gek. Pellkartoffeln
1 Stange Porree
80 g Zwiebeln
125 g durchw., geräucherter Bauchspeck
4 EL Butter
Salz
Pfeffer
4 fr. Eier
6 EL Milch
2 EL gemischte, geha. Kräuter

Zubereitung:
① Pellkartoffeln abziehen und in Scheiben schneiden.
② Porree putzen, waschen und in feine Streifen schneiden.
③ Die Zwiebeln abziehen und würfeln.
④ Speck würfeln und in einer Pfanne glasig braten.
⑤ Butter zugeben und Kartoffelscheiben darin goldbraun anbraten.
⑥ Porree und Zwiebeln zugeben, ebenfalls mitbraten.
⑦ Mit Salz und Pfeffer würzen.
⑧ Eier mit Milch und den Kräutern verquirlen, mit Salz und Pfeffer kräftig abschmecken, auf die Kartoffeln gießen und goldbraun braten.

Dazu schmeckt Kopfsalat.

Milchreis »Nofretete«

Zutaten:
7 T. Milch
1 T. Zucker
1 Vanillestange
2 T. Milchreis
1 EL Vanillepuddingpulver
etwas kaltes Wasser
1 EL Rosenwasser (in Apotheken erhältlich)
geröstete Kokosflocken
Zimtzucker
geha. Nüsse

Zubereitung:
① Die Milch mit Zucker und aufgeschlitzter Vanillestange zum Kochen bringen und den Reis zufügen. Bei milder Hitze garen.
② Vanillestange auskratzen, das Mark zum Reis geben und die Schote entfernen.
③ Puddingpulver mit Wasser verrühren und zum Reis geben. Unter Rühren zum Kochen bringen und aufkochen lassen.
④ Das Rosenwasser unterrühren.
⑤ Den Reis mit den gerösteten Kokosflocken, Zimtzucker und Nüssen servieren.

Spreewälder Quarkspeise

Zutaten:
1 T. Milch
1 Vanilleschote
500 g Magerquark
100 g Zucker
1 Tube Nescafé
½ Tafel ger. Schokolade
½ l Schlagsahne

Zubereitung:
① Die Milch mit dem Zucker und der Vanilleschote einmal aufkochen und dann abkühlen lassen.
② Sahne steif schlagen.
③ Vanilleschote aufschlitzen und zum Quark geben, Nescafé zufügen und den Quark mit der Vanillemilch, der Schokolade und den Gewürzen cremig rühren.
④ Geschlagene Sahne unterrühren.

Für alle, die es alkoholisiert mögen: mit Eierlikör servieren.

Orangen-Quark-Creme

Zutaten:
4 Bl. weiße Gelatine
4 fr. Eier
125 g feiner Zucker
200 g gut abgetropfter Sahnequark
1 unbeh. Orange
2 EL Orangenlikör
250 ml Schlagsahne
evtl. etwas Orangenschale zum Garnieren

Zubereitung:
① Gelatine in kaltem Wasser einweichen.
② Eier trennen, Eiweiß anderweitig verwenden.
③ Eigelb und Zucker dickschaumig schlagen.
④ Den Quark in die Eigelbmasse geben und gut verrühren
⑤ Die Orange heiß waschen, abtrocknen, die Schale abreiben und die Orange auspressen.
⑥ Den Saft und 1 El Orangenschale zur Eigelb-Quark-Masse geben, den Likör zufügen und alles gut verrühren.
⑦ Die Gelatine gut ausdrücken und mit 4 El heißem Wasser auflösen und gründlich mit der Quarkmasse verrühren
⑧ Sahne steif schlagen und unter die Creme heben.
⑨ Creme in Dessertschälchen füllen und kalt stellen, evtl. vor dem Servieren mit Orangenschale garnieren.

Wer Kalorien sparen möchte, nimmt Magerquark.

Frühling läßt sein blaues Band
wieder flattern durch die Lüfte;
süße wohlbekannte Düfte
streifen ahnungsvoll das Land.
Veilchen träumen schon,
wollen balde kommen.
Horch von fern ein leiser Harfenton!
Frühling, ja du bist's !
Dich hab ich vernommen !

(Eduard Mörike)

Zwei Sachen bestimmen diesen Monat, dessen Name sich vom lateinischen Wort „aperirer", was so viel wie öffnen bedeutet, ableitet: einmal eine Farbe, dann eine Haltung. Zuerst: Grün – Grün in allen Schattierungen und mit seiner frohen, positiven Leuchtkraft. Dann eben diese Haltung, die keine ist: die Launigkeit.

Der April – wer weiß, was er will, er selber jedenfalls nicht, das geht beim Wetter los und das hört bei den Leuten auf. Es gibt Tage, an denen man nicht weiß, ob es noch Winter oder schon Frühling ist. Alles wird grün, aber bisweilen dann doch unter Schnee. Alles blüht auf. Die Sache mit dem Osterfest ist ebenso launig wie der Monat: Ostern wird immer nach dem auf Frühlingsanfang folgenden Vollmond gefeiert. Das kann frühestens der 22. März und spätestens der 25. April sein. Egal wann, es ist ein Familienfest. Das gemeinsame Osterfrühstück oder ein festlicher Lammbraten sind Anlass und Grund für fröhliche Tischgemeinschaften. Auf dem Speiseplan im April stehen der frische Spinat, den es jetzt überwiegend aus heimischen Anbau gibt, dazu kommen Radieschen, die ersten Frühlingszwiebeln und sehnsüchtig erwartet der erste Spargel. Beim Spargel will jeder der Erste sein, dabei ist Spargel kein Wettrennen, sondern etwas sehr, sehr Reines, Klares, das wie jeder Klassiker auch in der Mitte der Saison oder ganz am Ende nichts von seinem Charme verliert. Aber zurück ins Grüne: Kopfsalat wird verstärkt zu günstigen Preisen angeboten. Und nicht nur am Gründonnerstag spielt die Farbe eine wichtige Rolle. In einigen Gegenden ist es Brauch, an diesem Tag etwas Grünes zu essen. Zum Beispiel eine Sieben-Kräuter-Suppe aus Lauch, Spinat. Petersilie, Schnittlauch, Salat, Löwenzahn und Sauerampfer. Sie ist nicht nur grün, sie soll auch vorbeugend gegen Krankheiten helfen. Und gegen Launigkeit...

April

Kräuterfisch

Zutaten:

800 g Seelachsfilets
Saft v. 1/2 Zitrone
Salz
100 g durchw. Speck
2 Zwiebeln
500 g Tomaten
je 1 Bd. Schnittlauch, Dill u. Petersilie
1/2 Kästchen Kresse
je 1/2 TL getr. Kerbel u. Estragon
1/8 l saure Sahne
weißer Pfeffer
2 EL Semmelbrösel
Butterflocken

Zubereitung:

① Seelachsfilets unter kaltem Wasser abspülen, trockentupfen, auf einem Teller mit Zitronensaft beträufeln, salzen und beiseite stellen.
② Speck würfeln und in einer Pfanne auslassen.
③ Zwiebeln schälen, würfeln und zum Speck geben. In 5 Min. glasig braten.
④ Tomaten häuten, Stängelansätze entfernen und in Scheiben schneiden.
⑤ Schnittlauch, Dill, Petersilie und Kresse abspülen, trockentupfen und fein zerkleinern.
⑥ Inklusive Kerbel und Estragon alle Kräuter in eine Schüssel geben, mit saurer Sahne vermischen und mit Salz und Pfeffer abschmecken.
⑧ Die Hälfte der Speck-Zwiebel-Mischung in eine feuerfeste Form geben und die Tomatenscheiben darauf legen.

⑨ Fischfilets auf die Schicht geben, mit der Kräutersahne begießen und die restliche Speck-Zwiebel-Mischung darauf verteilen.
⑩ Semmelbrösel drüberstreuen und mit Butterflöckchen belegen.
⑪ Im vorgeheizten Backofen bei 180° C ca. 20 Min. garen lassen.

Dazu schmecken grüner Salat und körnig gekochter Reis.

Geräucherte Forellen

auf Blattspinat mit Sauce Hollandaise überbacken

Sauce Hollandaise siehe S. 53!

Zutaten:
1/2 – 1 kg Spinat
1 Zwiebel
1 Knoblauchzehe
40 g Butter
etwas Sahne
Salz
Pfeffer
Muskatnuss
4 geräucherte Forellen

Zubereitung:
① Den Spinat waschen und verlesen.
② Die Zwiebel pellen, würfeln und mit der abgezogenen und klein gehackten Knoblauchzehe in der Butter andünsten.
③ Spinat zugeben und ca. 10 Min. garen.
④ Die Sahne angießen und mit Salz, Pfeffer und Muskat abschmecken.
⑤ Den Spinat in eine Auflaufform geben.
⑥ Forellen filetieren, Haut abziehen und auf den Spinat legen.
⑦ Sauce Hollandaise wie auf S. 53 zubereiten und Forellen damit überziehen.
⑧ Im vorgeheizten Ofen bei 180° C ca. 15 Min. überbacken.

Mit Salzkartoffeln, Buttersoße und einem frischen grünen Salat ein wunderbares Frühlingsessen.

Petersiliensuppe mit Schinken

Zutaten:
(für 4 Personen)
1 kg Kartoffeln
2 Schalotten
etwas Wasser
1 TL Gemüsebrühe
reichlich fr. Petersilie
4–8 Scheiben roher Schinken
1 EL Mehl
1 l Milch
Pfeffer a. d. Mühle
Salz
evtl. 1 Schuss Sahne

Zubereitung:
① Kartoffeln und Schalotten schälen, waschen und in Würfel schneiden.
② Mit etwas Wasser und der Gemüsebrühe zum Kochen bringen und gar kochen.
③ In der Zwischenzeit Petersilie waschen, abtropfen lassen und hacken.
④ Den Schinken in ganz feine Streifen schneiden und das Mehl mit der Milch verquirlen.
⑤ Wenn die Kartoffeln gar sind, die Milch angießen und unter Rühren zum Kochen bringen.
⑥ Mit Pfeffer und Salz abschmecken, mit einem Schuss Sahne verfeinern und die gehackte Petersilie unterrühren. Nicht mehr kochen lassen.
⑦ Mit dem Schinken servieren.

Ein einfaches, leichtes Gericht, das auch Kinder gerne essen und das mit einem Obstsalat eine ausgewogene Mahlzeit ergibt.

Schlemmertopf

Zutaten:
600 g Hohe Rippe vom Rind (ohne Knochen)
3 Zwiebeln
2 EL Öl
1/4 l Fleischbrühe
Salz
Pfeffer
600 g Kartoffeln
1/4 l saure Sahne
1/2 Bd. Frühlingszwiebeln

Zubereitung:
① Das Fleisch in Würfel schneiden.
② Zwiebeln schälen und in Achtel schneiden.
③ Öl im Bräter erhitzen, das Fleisch und die Zwiebeln darin anbraten.
④ Fleischbrühe dazu gießen und alles zum Kochen bringen, mit Salz und Pfeffer würzen. 20 Min. kochen lassen.
⑤ Die geschälten Kartoffeln in Würfel schneiden, zum Fleisch geben und unterrühren.
⑥ Saure Sahne darüber streichen.
⑦ Den Topf mit einem Deckel verschließen und im Backofen bei 180° C in 70 Min. garen lassen.
⑧ Mit klein geschnittenen Zwiebeln bestreuen und servieren.

Kutscherpfanne

Zubereitung:
① Zwiebelringe im heißen Öl ca. 10 Minuten zugedeckt, langsam dünsten. Danach abdecken und goldgelb rösten. Majoran unterrühren.
② Blutwurst in fingerdicke Scheiben schneiden und auf die Zwiebelringe legen.
③ Semmelmehl mit dem Käse mischen und über die Wurst streuen. Butterflöckchen aufsetzen.
④ Bei 170° C im Backofen überbacken, bis alles knusprig ist.

Mit Gewürzgurken und Kartoffelpüree sowie Sauerkrautsalat servieren.

Zutaten:
250 g Zwiebelringe
1 EL Öl
1 TL getr. Majoran
400 g Blutwurst zum Braten
1 EL Semmelmehl
50 g ger., mittelalter Edamer
1 EL Butterflocken

Lammkeule vom Rost

mit Senfkruste

Fleisch muss 2 Tage ziehen!

Zubereitung:
① Zitrone und Orange waschen und in Scheiben schneiden. Ebenso die abgezogene Zwiebel. Das Suppengrün putzen und grob zerkleinern. Die Kräuter kurz abbrausen.
② Aus Fleischbrühe, Rotweinessig und Wasser eine Marinade herstellen und das Fleisch mit den zerkleinerten Zutaten und Kräutern darin 2 Tage durchziehen lassen.
③ Fleisch aus der Marinade nehmen, salzen und pfeffern.
④ Auf dem Rost im Backofen bei 180° C ca. 60–70 Min. garen lassen.
⑤ Knoblauchzehe schälen und in eine Tasse Olivenöl pressen, 1 TL Salz zufügen, alles miteinander verrühren.
⑥ Während der Garzeit das Fleisch mit dem Olivenölgemisch immer wieder bestreichen.
⑦ Senf mit Thymian und Majoran verrühren und die Lammkeule kurz vor Ende der Garzeit mit dem Senf-Kräuter-Gemisch bestreichen.

Zutaten:
Marinade:
1 unbeh. Zitrone
1 unbeh. Orange
1 Zwiebel
1 Bd. Suppengrün
Rosmarin
Thymian
Basilikum
500 ml Fleischbrühe
125 ml Rotweinessig
500 ml Wasser

Fleisch:
1 kg Lammkeule ohne Knochen
Salz
etwas Pfeffer
1 Knoblauchzehe
1 T. Olivenöl
1 T. Senf
1 TL Thymian
1 TL Majoran

Verlorene Eier auf Tomatenreis

Dazu schmecken Tomatensoße und ein knackiger Eisbergsalat

Zutaten:
(für 4 Personen)

1 Zwiebel
1 Paprikaschote
1 EL Öl
250 g Langkornreis
1 kl. D. Tomatenmark
1/2 l Fleischbrühe
Salz
Pfeffer
etwas Thymian
1 l Wasser
1/2 T. Essig
8 fr. Eier

Zubereitung:

① Die Zwiebel schälen und in Würfel schneiden.
② Die Paprikaschote vierteln, entkernen und in Streifen schneiden.
③ Öl in einem Topf erhitzen, Zwiebel und Paprika hineingeben und kurz andünsten.
④ Reis und Tomatenmark hinzufügen und gut verrühren.
⑤ Mit Fleischbrühe auffüllen, Salz, Pfeffer und etwas Thymian hinzufügen.
⑥ Den Reis aufkochen und zugedeckt bei schwacher Hitze in ca. 20 Min. ausquellen lassen.
⑦ Wasser und Essig zusammen aufkochen.
⑧ Die Eier einzeln in einer Tasse aufschlagen, langsam in das heiße Essigwasser gleiten lassen und 5 Min. gar ziehen lassen.
⑨ Mit der Schaumkelle vorsichtig aus dem Wasser heben und auf dem Reis anrichten.

Rhabarberkompott

mit Grieß-Sahne-Creme

Zutaten:
750 g Rhabarber
200 g Zucker
1 P. Vanillezucker
1 l Milch
1 Pr. Salz
abger. Schale v. 1/2 unbeh. Zitrone
60 g Zucker
1 Vanillestange
3 EL Grieß
2 fr. Eigelb
6 Bl. weiße Gelatine
1/4 l steif geschlagene Sahne
2 fr. Eiweiß

Zubereitung:
① Rhabarber waschen, in Stücke schneiden und zuckern.
② Wenn er etwas Saft gezogen hat, mit dem Vanillezucker und etwas Wasser zum Kochen bringen.
③ Ohne Strom auf der noch heißen Herdplatte gar ziehen lassen.
④ Die Milch mit dem Salz, der abgeriebenen Zitronenschale, dem Zucker und der aufgeschlitzten Vanillestange zum Kochen bringen.
⑤ Den Grieß unter ständigem Rühren einstreuen und ca. 10–15 Min. ausquellen lassen.
⑥ Eigelb verquirlen, unterrühren und die eingeweichte, ausgedrückte Gelatine zugeben. Kalt stellen.
⑦ Sobald die Creme zu gelieren beginnt, die steif geschlagene Sahne und das steif geschlagene Eiweiß unterheben.
⑧ In einer großen Schüssel oder Portionsschälchen anrichten und Rhabarberkompott dazu reichen.

Rhabarberkuchen auf dem Blech

Zutaten:
Teig:
500 g Mehl
1 TL Backpulver
250 g kalte Butter
100 g Zucker
1 kl. fr. Ei

Belag:
2 kg Rhabarber
375 g Zucker
2 P. Vanillepuddingpulver
3/4 l Wasser

Eierguss:
4 fr. Eier
200 g Zucker

Zubereitung:
① Aus den Zutaten für den Teig einen Knetteig herstellen, kühl stellen und ruhen lassen.
② Den Rhabarber waschen und in kleine Stücke schneiden.
③ Aus Wasser, Zucker und Vanillepuddingpulver einen Pudding kochen.
④ Den Rhabarber unterheben.
⑤ Den Knetteig auf einem Blech ausrollen und einen Rand hochziehen.
⑥ Die Pudding-Rhabarber-Masse auf dem Teig verteilen.
⑦ Bei 175° C 40–50 Min. backen.
⑧ In der Zwischenzeit die Eier trennen und Eigelb und Zucker schaumig schlagen. Eiweiß zu Schnee schlagen und unter das Eigelb-Zucker-Gemisch heben.
⑨ Auf den Kuchen streichen und noch mal ca. 15 Min. goldgelb backen.

Rhabarberlikör

Zutaten:
1 $1/2$ l Rhabarbersaft
875 g Zucker
2 P. Vanillezucker
0,7 l Rum (40–54%)

Zubereitung:
① Saft, Zucker und Vanillezucker aufkochen und 24 Std. stehen lassen.
② Danach den Rum dazugeben.
③ Den Likör 6 Wochen ruhen lassen und dann in schöne Flaschen abfüllen.

Rhabarber-Bananen-Konfitüre

Zutaten:
750 g Rhabarber
1 Vanillestange od. $1/2$ Zimtstange
1 kg Gelierzucker
250 g Bananen
Saft v. 1 Zitrone

Zubereitung:
① Rhabarber waschen, abtropfen lassen und in sehr feine Stücke schneiden.
② Mit der aufgeschnittenen und ausgekratzten Vanilleschote bzw. Zimtstange und dem Gelierzucker über Nacht stehen und zu Saft ziehen lassen.
③ Bananen im Mixer zerkleinern, Zitronensaft zugeben.
④ Das Rhabarbergemisch mit dem Bananenmix zum Kochen bringen und 4 Min. sprudelnd kochen lassen.
⑤ Vanillestange entfernen, die Konfitüre heiß in Gläser füllen und sofort verschließen.

Apfelkuchen

Zubereitung:

① Aus den angegebenen Zutaten einen Rührteig herstellen, zuletzt die Walnüsse und Äpfel unterheben.
② Den Teig anschließend in eine runde gefettete Backform (ø 26 cm) füllen und bei 180° C (Heißluft) ca. 40–60 Min. backen.
③ Nach dem Abkühlen Puderzucker und Rum zu einem Guss verrühren und den Kuchen damit bestreichen.

Dies ist ein Kuchen, der am nächsten Tag fast noch besser schmeckt!!

Zutaten:
200 g Butter
250 g Zucker
1 P. Vanillezucker
3 fr. Eier
1–2 TL Zimt
300 g Mehl
2 1/2 gestr. TL Backpulver
100 g geha. Walnüsse
350 g gerasp. Äpfel

Guss:
100 g Puderzucker
1 EL Rum

Apfelstrudel

Zubereitung:

① Mehl auf die Arbeitsplatte sieben und eine Mulde in die Mitte drücken. Butter mit dem Ei, Salz und Wasser verrühren und in die Mulde geben.
② Teig kneten und ordentlich schlagen. 30 Min. ruhen lassen. In dieser Zeit die Füllung vorbereiten.
③ Äpfel schälen, entkernen und vierteln und in dünne Scheiben schneiden.
④ Mit Zucker, Zimt, Rosinen, abgeriebener Zitronenschale und den Mandeln mischen.
⑤ Den Teig auf einem großen Tuch ausrollen und über den Handrücken vorsichtig auseinander ziehen. Der Teig muss so dünn sein, dass man eine Zeitung da runter lesen kann.
⑥ Teig mit zerlassener Butter bestreichen und mit Semmelbröseln bestreuen.
⑦ Die Füllung darauf verteilen, an den Seiten einschlagen, dann mit Hilfe des Tuches aufrollen. Enden andrücken.
⑧ Strudel auf ein gefettetes Backblech heben, mit reichlich Butter bestreichen und bei 180° C 40 Min. backen. Warm oder kalt servieren.

Beilage:
Vanillesoße, Vanilleeis oder Schlagsahne.

Zutaten:

Teig:
250 g Mehl
65 g zerlassene Butter
1 fr. Ei
1 Pr. Salz
1/8 l Wasser

Füllung:
2 kg Äpfel
150 g Zucker
2 TL Zimt
120 g Rosinen
1 EL abger. Schale einer unbeh. Zitrone
50 g gem. Mandeln
etwas zerlassene Butter
150 g Semmelbrösel

Ist der Mai recht heiß und trocken
kriegt der Bauer kleine Brocken;
ist er aber feucht und kühl,
dann gibt's Frücht' und Futter viel.

(Bauernregel)

Nun grünt und blüht alles. Deshalb wurde dieser Monat der Göttin des Wachsens und Blühens geweiht, der Göttin Maia, wie auch dem Gott Maius, dem Gott des Wetters. Später wurde der Mai oft als Weidemonat bezeichnet, weil das Vieh zum erstem Mal aus den Ställen auf die Weiden oder Almen getrieben wird.

Am zweiten Sonntag im Mai ist Muttertag. Der Brauch geht zurück bis ins 17. Jahrhundert. Die Amerikanerin Ann Jarvis wollte, dass mit diesem Tag die wichtige Arbeit der Mütter mehr geachtet wird.

Mit dem Himmelfahrtstag ist die Osterzeit endgültig vorbei. Viele Menschen zieht es an diesem Tag ins Freie. Es wird gewandert. Das frische Laub an den Bäumen und leuchtend gelbe Rapsfelder, wohin das Auge reicht. Schließlich gilt der Mai als Wonnemonat und Monat der Blüten und Liebe.

Ende Mai können die ersten einheimischen Erdbeeren gepflückt werden. Auf die erste Erdbeertorte freut sich die ganze Familie. Kohlrabi und Spitzkohl aus einheimischem Freilandanbau kommen auf den Markt. Spargel, Spinat und Radieschen haben Hauptsaison. Kopfsalat, Eisbergsalat und Lollo rosso sorgen für den Frischekick aus der Salatschüssel. Löwenzahnblätter im Salat bringen Abwechslung auf dem Speiseplan.

Mai

Möhren-Kräuter-Suppe

Zutaten:
(für 4 Personen)

300 g fr. Möhren
30 g durchw. Speck
30 g Butter
500 g Crème fraîche
1 Bd. gemischte Gartenkräuter
600 ml Fleischbrühe
30 g Soßenbinder, hell
1 unbeh. Zitrone
8 g Zucker
Salz
Pfeffer
2 EL geha. Petersilie

Zubereitung:

① Möhren schälen und grob raspeln, $1/3$ davon zur Seite stellen. Speck würfeln.
② Restliche Möhrenraspel und Speck in 25 g Butter andünsten.
③ Crème fraîche und Gartenkräuter dazugeben, mit der Brühe ablöschen und 15 Min. bei mittlerer Hitze kochen lassen, dabei mit hellem Soßenbinder abbinden.
④ Die Zitrone gründlich waschen, abtrocknen und die Schale in dünne Streifen schneiden. Den Saft auspressen.
⑤ Restliche Möhrenraspel im übrig gebliebenen Fett dünsten. Zucker darüber streuen und karamellisieren lassen. Zitronenschale hinzufügen und zur Seite stellen.
⑥ Suppe mit Salz, Pfeffer, Zitronensaft und Petersilie würzen und einmal aufkochen.
⑦ Mit Möhrenraspeln anrichten.

Mangoldsuppe mit Käseklößchen

Zutaten:
(für 4 Portionen)

125 g Emmentaler
60 g Butter
60 g Mehl
2 fr. Eigelb
Salz
Pfeffer a. d. Mühle
Muskatnuss
1 Mangoldstaude (ca. 500 g)
30 g Butter
$1/2$ l Fleischbrühe
4–6 EL Weißwein
1 B. Crème fraîche

Zubereitung:

① Käse fein reiben, mit der weichen Butter, Mehl und Eigelb verkneten, mit Salz, Pfeffer und Muskat würzen, zu einer Rolle formen und kühl stellen.
② Mangold putzen, waschen, das Grün von den Stielen streifen und fein hacken. Stiele würfeln.
③ Stiele in Butter andünsten. Brühe zugeben und 20 Min. zugedeckt kochen lassen.
④ Die Käserolle in Scheiben schneiden und ca. 20 Klößchen daraus formen. Die Klößchen in leicht kochendem Salzwasser 20 Min. garen.
⑤ Mangoldstiele in der Brühe mit dem Schneidestab des Handrührers pürieren. Weißwein und Crème fraîche zugeben, mit Salz und Pfeffer abschmecken.
⑥ Mangoldgrün und Käseklößchen in die Suppe geben, 5 Min. leise kochen lassen, abschmecken.

Kohlrabischnitzel

Zubereitung:

① Mehl, Salz, Muskat und Käse in eine Schüssel geben. Eier und Milch zugeben und einen glatten, dicken Teig rühren. Zugedeckt 15 Min. ruhen lassen.

② Kohlrabi schälen, waschen und abtrocknen. In gleichmäßige fingerdicke Scheiben schneiden. In leicht gesalzenem Wasser ca. 15 Min. bissfest kochen. Auf einem Sieb abtropfen lassen.

③ Petersilie abbrausen, trockentupfen und hacken.

④ Öl im Topf oder der elektrischen Fritteuse auf 180° C erhitzen.

⑤ Kohlrabischeiben in den Teig tauchen, etwas abtropfen lassen und im heißen Fett in 4 Min. goldgelb frittieren.

⑥ Kohlrabischeiben mit Petersilie bestreut servieren.

Zutaten:

200 g Mehl
Salz
ger. Muskatnuss
2 EL ger., mittelalter Gouda
2 fr. Eier
1/4 l Milch
800 g Kohlrabi
Petersilie zum Garnieren
1 l Öl zum Frittieren

Dazu schmecken Kartoffelpüree und grüner Salat.

Kohlrabiauflauf

Zutaten:

1 kg Kohlrabi
1/4 l Hühnerbrühe
1/4 l Milch
40 g Butter
30 g Mehl
Salz
Pfeffer
Muskatnuss
400 g gek. Schinken
50 g ger., mittelalter Edamer

Zubereitung:

① Kohlrabi schälen, waschen, vierteln und in dünne Scheiben schneiden.
② Hühnerbrühe und Milch aufkochen, Kohlrabi darin zugedeckt 10 Min. garen.
③ Butter zerlassen, das Mehl unterrühren und anschwitzen. Die Kochflüssigkeit vom Kohlrabi angießen und mit dem Schneebesen verrühren. Gut durchkochen lassen und mit Salz, Pfeffer und Muskatnuss abschmecken.
④ Den gekochten Schinken in Streifen schneiden und mit den Kohlrabischeiben in eine Auflaufform schichten.
⑤ Mit der Soße begießen und den geriebenen Käse darüber streuen.
⑥ Im Backofen bei 180 ° C ca. 30 Min. überbacken.

Eierfrikassee

Zutaten:
(für 4 Personen)

8 fr. Eier
400 g fr. Spargel
250 g fr. Champignons
30 g Butter
1 Zwiebel
30 g Mehl
1/4 l Milch
Salz
Pfeffer
Saft v. 1/2 Zitrone
2 Tomaten
Petersilie

Zubereitung:

① Eier hart kochen, abschrecken, schälen und vierteln.
② Spargel und Champignons in Salzwasser gar kochen, abgießen, dabei 1/4 l des Kochwassers auffangen und zur Seite stellen.
③ Für die Soße die Butter erhitzen, geschälte Zwiebel fein hacken, in der Butter andünsten, mit Mehl abstäuben und durchschwitzen lassen.
④ Spargel-Champignon-Sud und Milch unterrühren, in die Mehlschwitze geben und gründlich durchkochen lassen.
⑤ Mit Salz, Pfeffer und Zitronensaft kräftig abschmecken.
⑥ Spargel und Champignons abtropfen lassen und mit den Eiervierteln in der Soße erhitzen.
⑦ Tomaten waschen, häuten, würfeln und zum Frikassee geben.
⑧ In einer Schüssel anrichten und mit gehackter Petersilie bestreuen.

Kalbsbraten

mit feinem Erbsengemüse

Zubereitung:

① Erbsen auspalen, kurz abspülen und zur Seite stellen.
② Die Fettschicht vom Kalbsrücken gitterförmig einschneiden, ohne das Fleisch zu verletzen. Den Kalbsrücken salzen, pfeffern und mit der Fettschicht nach oben in die Fettpfanne des Backofens legen.
③ Die Zwiebel schälen und vierteln, das Suppengrün putzen und in grobe Stücke schneiden und die Tomate waschen und vierteln.
④ Das Gemüse zum Braten in die Fettpfanne geben, 1/4 l Fleischbrühe angießen und alles in den auf 180° C vorgeheizten Backofen schieben. Fleisch im Backofen zunächst 1 Std. braten.
⑤ Den Senf glatt rühren und nach der Bratzeit auf die Fettseite des Bratens streichen. Das Paniermehl darüber streuen, andrücken und mit der flüssigen Butter beträufeln.
⑥ Das Fleisch weitere 30–40 Min. braten.
⑦ In der Zwischenzeit die Butter für das Erbsengemüse schmelzen lassen und die Erbsen darin andünsten.
⑧ Die Gemüsebrühe an die Erbsen gießen und bei milder Hitze in ca. 10–15 Min. garen.
⑨ Mit Salz, Pfeffer und Zucker abschmecken.
⑩ Petersilie hacken, über die Erbsen streuen und das Gemüse warm stellen.
⑪ Den Kalbsbraten aus der Fettpfanne nehmen und warm stellen.
⑫ Den Bratensatz mit etwas Wasser lösen und durch ein Sieb gießen.
⑬ Mit Wasser oder Fleischbrühe auf 1/4 l auffüllen und zum Kochen bringen.
⑭ Die Sahne zufügen und die Soße mit dem, in etwas Wasser angerührten, Mehl andicken. Gut durchkochen lassen. Die Soße mit Salz, Pfeffer und evtl. noch etwas Senf abschmecken.
⑮ Den Braten aufschneiden und auf einer Platte mit dem Erbsengemüse anrichten. Die Soße extra dazu reichen.

Zutaten:

Kalbsrücken:
1 kg Kalbsrücken
Salz
Pfeffer
1 Zwiebel
1 Bd. Suppengrün
1 Tomate
1/4 l Fleischbrühe
3 EL scharfer Senf
3 EL Paniermehl
2 EL flüssige Butter
1 EL Mehl
1/8 l Schlagsahne

Erbsengemüse:
2 kg fr. Erbsenschoten
40 g Butter
1/8 l Gemüsebrühe
Salz
Pfeffer
1 Pr. Zucker
1/2 Bd. fr. Petersilie

Dazu schmecken Bandnudeln oder Salzkartoffeln.

Zutaten:
(für 4 Personen)
500 g milder roher Schinken
2 Zwiebeln
1 EL Öl
$1/4$ l Milch
$1/4$ l Sahne
$1/2$ Bd. Schnittlauch
2 EL Speisestärke
4 EL Wasser
Pfeffer
2 EL Schmand

Beilagen: neue Kartoffeln und grüner Salat.

Schmandschinken

Zubereitung:

① Den Schinken in ca. 3 mm dicke Scheiben schneiden.
② Die Zwiebeln schälen und in Ringe schneiden.
③ Das Öl in einer Pfanne erhitzen. Den Schinken und die Zwiebeln kurz von allen Seiten anbraten.
④ Mit Milch und Sahne ablöschen und zugedeckt 15 Min. köcheln lassen.
⑤ Währenddessen den Schnittlauch waschen, abtropfen lassen und klein schneiden.
⑥ Den Schinken und die Zwiebeln aus der Soße nehmen und in eine vorgewärmte Schüssel geben.
⑦ Die Speisestärke mit dem Wasser anrühren und die Soße damit binden.
⑧ Soße mit Pfeffer abschmecken, mit Schmand verfeinern und über den Schinken gießen.
⑨ Den Schnittlauch darüber streuen.

Hühnerbrust auf Reis

mit Spargel und Sauce Hollandaise

Zutaten:
(für 4 Personen)

4 Hähnchenbrüste
1 1/2 l Geflügelbrühe (Extrakt od. selbst gek. Fond)
1 1/2 kg fr. Spargel
etwas Butter
Salz
Zucker
200 g Reis

Sauce Hollandaise:
250 g Butter
4 fr. Eigelb
2 EL Wasser
2 EL Wein
1–2 Spritzer Zitronensaft
Salz
weißer Pfeffer
Cayennepfeffer

Zubereitung:

① Die Hähnchenbrüste unter fließendem Wasser abspülen, in der Brühe zum Kochen bringen und in ca. 20 Min. ganz langsam gar ziehen lassen.
② Spargel schälen und in Salzwasser mit einem Stich Butter, Salz und etwas Zucker garen.
③ Von der Hühnerbrühe gut 1/2 l abnehmen und den gewaschenen Reis in der Brühe gar ziehen lassen.
④ Für die Hollandaise die Butter in einem Topf leicht erwärmen und zur Seite stellen.
⑤ Eigelb mit Wasser, Wein, Zitronensaft und Salz in einen Topf geben. Den Topf ins heiße Wasserbad stellen und mit dem Schneebesen des Eigelbgemisch aufschlagen, bis die Masse cremig ist.
⑥ Topf aus dem Wasserbad nehmen, die lauwarme Butter zuerst teelöffel-, dann esslöffelweise unterschlagen. Mit Salz, Pfeffer und Cayennepfeffer abschmecken.
⑦ Hühnerbrüstchen aus der Brühe nehmen, auf einer Platte mit dem Spargel anrichten und mit etwas Sauce überziehen.
⑧ Reis und die restliche Hollandaise getrennt dazu reichen.

Matjesfilets

mit Speck-Zwiebel-Stippe und Apfelschmand

Zutaten:
(für 4 Personen)

8 Matjesfilets
Mineralwasser
3 Zwiebeln
50 g Räucherspeck
2 Äpfel
1/8 l saure Sahne
1/2 T. Milch

Zubereitung:

① Die Matjesfilets ca. 1 Std. in Mineralwasser legen.
② 2 Zwiebeln schälen, würfeln und mit den ausgelassenen Speckwürfeln gar dünsten.
③ Die dritte Zwiebel sowie die Äpfel schälen, beides in dünne Scheiben schneiden.
④ Die saure Sahne mit der Milch verrühren und kräftig mit Pfeffer abschmecken. Die Apfel- und Zwiebelscheiben untermischen.
⑤ Die Matjesfilets in einer Schüssel auf Eis anrichten und die beiden Soßen getrennt dazu reichen.

Dazu schmecken neue Kartoffeln und grüne Bohnen.

Erdbeertorte

Zutaten:

dünner Mürbeteig:
90 g Mehl
60 g Butter
30 g Zucker
etwas abger. Schale einer unbeh. Zitrone
2 EL Erdbeerkonfitüre

Bisquit:
4 fr. Eier
4 EL kochendes Wasser
200 g Zucker
150 g Speisestärke
50 g Mehl
$^1/_2$ TL Backpulver

Belag:
750 g Erdbeeren
100 g Zucker (od. nach Geschmack)
Wasser od. Fruchtsaft
1 P. Tortenguss
4 Bl. Gelatine
etwas heißes Wasser
$^3/_4$ l Sahne
1 P. Vanillezucker

Zubereitung:

① Aus den angegebenen Zutaten einen Mürbeteig kneten und kalt stellen.
② Für den Biskuit die Eier mit Wasser und dem Zucker dickschaumig schlagen.
③ Das Stärke-Mehl-Gemisch mit dem Backpulver auf die Eiermasse sieben und vorsichtig unterziehen.
④ Die Biskuitmasse in eine mit Backpapier ausgelegte Springform füllen und bei 180° C in ca. 30–40 Min. abbacken. (Springformgröße ø 26–28 cm)
⑤ Den Mürbeteig ausrollen und ebenfalls abbacken.
⑥ Die Erdbeeren waschen, entstielen und klein schneiden. 500 g Erdbeeren zuckern und zum Saftziehen zur Seite stellen.
⑦ Den Mürbeteig auf eine Platte legen und einen Tortenrand darumstellen.
⑧ Den Boden mit Erdbeerkonfitüre bestreichen. Eine Platte vom Biskuit darauf legen.
⑨ Die Erdbeeren auf ein Sieb geben und abtropfen lassen.
⑩ Den Erdbeersaft abmessen und mit Wasser oder Fruchtsaft auf 250 ml ergänzen.
⑪ Mit dem Tortengusspulver nach Packungsanleitung einen Guss kochen.
⑫ Die Erdbeeren auf dem Biskuit verteilen, den Guss darüber verteilen, abkühlen lassen.
⑬ In der Zwischenzeit die Gelatine einweichen und mit etwas heißem Wasser auflösen.
⑭ Die Sahne mit Vanillezucker steif schlagen und die Gelatine unterheben.
⑮ 250 g Sahne mit 250 g Erdbeeren mischen und auf die abgekühlten Erdbeeren streichen. Eine Biskuitplatte darauf legen.
⑯ Die Torte mit der restlichen Sahne bestreichen und mit Sahne und Erdbeeren ausgarnieren und kühl stellen.

Erdbeercreme

Zubereitung:

① Die Gelatine in kaltem Wasser einweichen.
② Erdbeeren waschen, putzen und mixen.
③ Das Erdbeermus mit Zucker und Vanille verrühren.
④ Die eingeweichte, ausgedrückte Gelatine in etwas heißem Wasser auflösen.
⑤ Einige EL Erdbeermus in die Gelatine rühren und anschließend beides gründlich vermischen.
⑥ Kalt stellen.
⑦ Wenn die Masse anfängt zu gelieren die geschlagene Sahne unterziehen.
⑧ Erdbeercreme abwechselnd mit der gehackten Schokolade und zerbrochenen Butterkeksen in Glasschusseln schichten.

Zutaten

6 Bl. Gelatine
750 g Erdbeeren
100 g Zucker (od. nach Geschmack)
1 P. Vanillezucker
$1/2$ l Sahne
einige Butterkekse
1 Riegel geha. Schokolade

Diese Creme lässt sich auch sehr gut mit Tiefkühlfrüchten herstellen. Wenn die Früchte einmal kurz erhitzt werden, ist der Geschmack der Creme noch voller.

Soll Feld und Garten wohl gedeih´n,
dann braucht's im Juni Sonnenschein.

(Bauernregel)

Die römische Göttin Juno gab dem Juni seinen Namen. Ein alter Name für Juni ist auch Rosenmonat. Jetzt können wir schwelgen in Gemüse aus dem Garten, dem Bauernladen oder vom Markt. Blumenkohl und grüne Bohnen, Erbsen, neue Kartoffeln und Kohlrabi, Mangold, die ersten Möhren und Salatgurken, Weißkohl und Wirsing werden reichlich angeboten. Dazu kommen die ersten Freiland-Zucchini und -Zwiebeln. Eine große Auswahl an Blattsalaten sorgt für Abwechslung. Erdbeeren warten auf vielfältige Verwendungsmöglichkeiten.

Große und kleine Naschkatzen freuen sich über Süßkirschen. Ein Kindergeburtstag mit Kirschpfannkuchen und Schokoladensoße lässt die Augen der kleinen Schleckermäuler leuchten.

Schnittlauchquark mit Folienkartoffeln

Zutaten:
(für 4 Personen)

1 kg möglichst gleich gr. Kartoffeln
etwas Fett für die Folie
1 TL Sesamkörner
160 g Magerquark
40 g Joghurt
80 g Crème fraîche
1 mittelgr. Zwiebel
1 Knoblauchzehe
1 Bd. Schnittlauch
Salz
Pfeffer
etwas Butter

Zubereitung:

① Die Kartoffeln gut abbürsten und lose in ein eingefettetes Stück Alufolie einwickeln. Im Backofen bei 250° C auf dem Grillrost ca. 50 Min. garen.
② In der Zwischenzeit die Sesamkörner in einer beschichteten Pfanne von allen Seiten hellbraun rösten.
③ Quark, Joghurt und Crème fraîche gut miteinander vermischen.
④ Die gewürfelte Zwiebel und die zerdrückte Knoblauchzehe untermengen. Schnittlauchröllchen dazugeben.
⑤ Den Kräuterquark mit den Gewürzen abschmecken.
⑥ Vor dem Anrichten die Sesamkörner unterziehen.
⑦ Wenn die Kartoffeln gar sind, die Folie kreuzweise einschneiden und die Kartoffeln von 2 Seiten aufdrücken.
⑧ Etwas Salz und Butter darauf geben und den Schnittlauchquark dazu reichen.

Basilikum-Rolle

Zutaten:

120 g Basilikum
400 g Feta
100 g Frischkäse
60 g Walnüsse

Zubereitung:

① Basilikum waschen, trockentupfen und sehr fein hacken.
② Feta mit Frischkäse zu einer glatten Creme verrühren.
③ Die Creme auf Klarsichtfolie streichen, mit dem Basilikum bestreuen und einrollen.
④ Die Rolle mit den gehackten Nüssen bestreuen und 2 Tage im Kühlschrank ziehen lassen.
⑤ Gut gekühlt in Scheiben geschnitten servieren.

Variante:

Thymian-Rolle

Zutaten:

15 Stängel fr. Thymian
3 Bd. Basilikum
150 g Butter
250 g Feta
200 g mittelalter Bauernkäse
150 g Tilsiter
250 g Magerquark
3 EL grob geschroteter Pfeffer
Salz

Zubereitung:

① Von den Thymian- und Basilikumstängeln die Blätter abstreifen. Basilikumblätter in Streifen schneiden.
② Die Butter schaumig rühren.
③ Feta fein schneiden, Bauernkäse und Tilsiter fein raspeln.
④ Quark, Käse, die halbe Menge Thymian, die Basilikumstreifen und den Pfeffer zur Butter geben. Alles gründlich verrühren und mit Salz abschmecken.
⑤ Eine dicke Rolle formen.
⑥ Pergamentpapier mit dem Thymian bestreuen und die Käserolle darin einwickeln.
⑦ 2 Tage im Kühlschrank ziehen lassen. In Scheiben geschnitten servieren.

Zutaten:

Kräuterbrot:

125 g Butter
3 EL geha. Petersilie
Salz
Pfeffer
etwas Knoblauch
1 Spritzer Zitrone
einige Tr. Worcestersoße
Weißbrot

Suppe:

80 g durchw. Speck
2 Zwiebeln
1 kg Tomaten
2 EL Öl
etwas Mehl
1/2 l heiße Fleischbrühe
Salz
schwarzer Pfeffer
Zucker
1/2 TL Selleriesalz
125 ml Sahne
Curry
1 Pr. Zucker
1/2 Bd. geha. Petersilie

Tomatencremesuppe

mit Kräuterbrot

Zubereitung:

① Für das Kräuterbrot die Butter bei Zimmertemperatur etwas weich werden lassen.

② Petersilie, Salz, Pfeffer, Knoblauch und Zitronensaft mit der Butter gleichmäßig verkneten. Mit Worcestersoße nochmals abschmecken.

③ Weißbrot in Scheiben schneiden. Die Brotscheiben mit der Kräuterbutter bestreichen und wieder als Brot zusammensetzen.

④ Das Kräuterbrot fest in Alufolie wickeln und bei 180° C ca. 30 Min. backen.

⑤ Für die Suppe Speck würfeln, Zwiebeln schälen und hacken, Tomaten waschen, Stängelansätze herausschneiden und die Tomaten in Stücke schneiden.

⑥ Das Öl in einem Topf erhitzen und die Speckwürfel und Zwiebeln darin glasig braten, Mehl einstreuen und einige Min. anschwitzen.

⑦ Tomaten dazugeben und unter Rühren erhitzen, mit der heißen Fleischbrühe auffüllen und mit Salz, Pfeffer, Zucker und Selleriesalz würzen.

⑧ 10 Min. leicht kochen lassen, danach die Suppe durch ein Sieb in einen Topf passieren. Nochmals erhitzen und abschmecken.

⑨ Sahne steif schlagen und mit Curry und Zucker abschmecken.

⑩ Suppe in Tassen füllen, einen Klecks Currysahne in jede Tasse geben und mit Petersilie bestreuen.

Möhrenpfanne

Zubereitung:

① In Stücke geschnittene Möhren, Lauch, Kartoffeln und Zwiebeln in Butter anbraten.
② Gemüsebrühe zugießen und alles zum Kochen bringen.
③ Gemüse ca. 20 Min. dünsten lassen.
④ Doppelrahmfrischkäse unterrühren.
⑤ Gebratenen Leberkäse nach Belieben dazu servieren.

Zutaten:
(für 4 Personen)

500 g Möhren
500 g Lauch
500 g Kartoffeln
2 Zwiebeln
20 g Butter
$^1/_4$ l Gemüsebrühe
50 g Doppelrahmfrischkäse

nach Belieben:
4 Scheiben Leberkäse

Spargelessen mit Schinken, Rührei, Kartoffeln, Buttersoße, Sauce Hollandaise

Sauce Hollandaise siehe S. 53!

Zubereitung:

① Spargel schälen, Wasser zum Kochen bringen, Zucker, Salz und einen Stich Butter zugeben und den Spargel darin zugedeckt 15–20 Min. garen.
② Kartoffeln kochen.
③ Eier mit der Milch in einer Schüssel verquirlen, salzen und pfeffern.
④ 1 EL Butter in einer Pfanne erhitzen, Eimasse hineingießen und bei schwacher Hitze unter ständigem Rühren stocken lassen, bis die Masse cremig und dickflockig, aber nicht trocken ist.
⑤ Restliche Butter (150 g) in einer Pfanne zerlassen, aber nicht bräunen. In eine vorgewärmte Schüssel geben und auf einem Rechaud warm stellen.
⑥ Sauce Hollandaise wie auf S. 53 zubereiten.
⑦ Spargel aus dem Topf nehmen und abtropfen lassen.
⑧ Kartoffeln abgießen, mit gehackter Petersilie bestreuen und in eine Schüssel geben.
⑨ Auf einer großen Platte mit den Rühreiern und dem Schinken anrichten.
⑩ Soßen getrennt dazu reichen.

Zutaten:
(für 4 Personen)

2 kg Spargel
Zucker
Salz
etwas Butter
1 kg neue Kartoffeln
8 fr. Eier
8 EL Milch
160 g Butter
etwas Salz
Pfeffer
Petersilie
600 g roher Schinken

Beauf à la Mode

(Rinderschmorbraten in Rotwein)

Zutaten:
(für 6 Personen)

1 kg Rinderbraten
Salz
Pfeffer

Marinade:

1 Knoblauchzehe
etwas Salz
1 Lorbeerbl.
3 T. Rotwein
1 T. Wasser
2 Zwiebeln in Scheiben
1 Möhre in Scheiben
1 Knoblauchzehe
1 EL geha. Petersilie
etwas Thymian

Zubereitung:

① Rinderbraten mit Salz und Pfeffer einreiben.
② Zutaten für die Marinade mischen, dazu die Knoblauchzehe mit Salz zerdrücken und das Lorbeerblatt zerreiben.
③ Fleisch in der Marinade von allen Seiten wenden und zugedeckt im Kühlschrank 12–24 Std. marinieren, dabei ab und zu immer wieder wenden.
④ Zum Schmoren das Fleisch trockentupfen.
⑤ Butterschmalz erhitzen, gewürfelten Speck darin goldbraun rösten.
⑥ Fleisch hineinlegen und von allen Seiten kräftig anbraten.
⑦ Mit Weinbrand übergießen, anzünden und flambieren.
⑧ Dann kommen die Markknochen, die Tomate, die Petersilie, das Lorbeerblatt und der Lauch mit der Fleischbrühe dazu.

⑨ Marinade durchsieben und nach und nach an das schmorende Fleisch gießen. Im zugedeckten Topf auf die mittlere Schiene des Backofens schieben.
⑩ In ca. 2 – 2 ½ Std. bei 180° C gar schmoren.
⑪ Während der Zeit die Beilage zubereiten. Dazu den gewürfelten Speck in der Pfanne bräunen und wieder herausnehmen.
⑫ Butter in das Fett geben und die geschälten, ganzen Zwiebeln und geschnittenen Möhren 30 Min. bei offenem Topf schmoren, leicht salzen. Das Gemüse soll leicht gebräunt sein.
⑬ Den fertigen Braten auf einer vorgewärmten Platte anrichten und mit Zwiebeln, Möhren und der frischen Petersilie umlegen. Warm stellen.
⑭ Soße durchsieben, wenn nötig etwas einkochen.
⑮ Fleisch mit etwas Soße übergießen, restliche Soße extra reichen.

Schmoren:
40 g Butterschmalz
50 g durchw.Speck
1 Gl. Weinbrand
2 Markknochen
1 Tomate
¼ Bd. Petersilie
1 kl. Lorbeerbl.
1 Stück Lauch
1 T. Fleischbrühe

Speckgemüse:
40 g durchw. Speck
Fett zum Bräunen
1 EL Butter
10 kl. Zwiebeln
8 Möhren
Salz
etwas Petersilie zum Garnieren

Erdbeer-Kokos-Konfitüre

Zubereitung:
① Die Kokosraspel mit dem Erdbeersaft im geschlossenen Topf 5 Min. leicht kochen lassen.
② Die Erdbeeren ganz klein schneiden oder grob mixen.
③ Erdbeer-Kokos-Masse und Zitronensaft mit dem Gelierzucker in einen Topf geben und verrühren.
④ Alles unter Rühren zum Kochen bringen und 3 Min. unter ständigem Rühren sprudelnd kochen lassen.
⑤ Abschäumen, den Rum unterrühren und die Gelierprobe machen.
⑥ Konfitüre randvoll in vorbereitete Gläser füllen. Mit Deckeln verschließen und 5 Min. auf dem Deckel stehen lassen.

Zutaten:
100 g Kokosraspel
400 ml Erdbeersaft
450 g Erdbeeren
Saft v. 1 Zitrone
500 g Gelierzucker (2:1)
50 ml weißer Rum

Kirschpfannkuchen

mit Schokoladensoße

Zutaten:

4 fr. Eier
4 EL Mehl
2 EL Zucker
1/4 l Milch
1/4 l Wasser
1 Pr. Salz
4 EL Butter zum Backen
500 g entsteinte Kirschen, fr. od. a. d. Gl.

Schokoladensoße:

1 Tafel Schokolade (Zartbitter od. Vollmilch)
Sahne

Zubereitung:

① Eier trennen, Eigelb schaumig schlagen, vorsichtig Mehl und Zucker unterrühren.
② Milch und Wasser dazugießen, mit Salz glatt rühren.
③ Das Eiweiß zu Schnee schlagen und unterheben. Butter in der Pfanne erhitzen, Teig hineingeben und stocken lassen.
④ Kirschen darauf verteilen und die Unterseite goldgelb backen.
⑤ Den Pfannkuchen vorsichtig wenden und gar backen. Auf einen Teller gleiten lassen.
⑥ Nach und nach weitere Pfannkuchen backen.
⑦ Für die Schokoladensoße die Schokolade schmelzen lassen und mit Sahne verrühren. Getrennt zum Pfannkuchen servieren.

Sauerkirschkaltschale

Zubereitung:

① Die Sauerkirschen waschen und entsteinen. Mit 1/2 l Wasser, Zimtstange, Zitronenschale und Zucker zum Kochen bringen.

② Mandelstifte in einer Pfanne ohne Fett unter Wenden goldbraun rösten. Speisestärke mit einem 1/8 l Wasser glatt rühren. Zimtstange entfernen und Speisestärke unterrühren.

③ Unter ständigem Rühren 2–3 Min. kochen lassen, anschließend kalt stellen.

④ Die Kaltschale mit Amaretti und Mandelstiften servieren.

Zutaten:
1 kg Sauerkirschen
1 Zimtstange
Schale v. 1 unbeh. Zitrone
160 g Zucker
50 g Mandelstifte
30 g Speisestärke
100 g Amaretti (ital. Mandelkekse)

In jede Portion eine Kugel Vanilleeis geben.

Holunderblütengelee

Zubereitung:

① Die frischen Blüten kräftig schütteln, um sie von Insekten zu befreien.

② Die dicken Stiele abschneiden und die Blüten in eine Schüssel legen, mit Zitronensäure bestreuen und den Apfelsaft darüber gießen. Den Ansatz über Nacht zugedeckt stehen lassen.

③ Dann durch ein Sieb in einen Topf gießen und mit dem Gelierzucker vermischen.

④ Alles zum Kochen bringen und unter Rühren 4 Min. sprudelnd kochen lassen.

⑤ Sofort in saubere Gläser füllen und verschließen.

Zutaten:
20 fr. Holunderblüten
1 TL Zitronensäure
1 l Apfelsaft
1 kg Gelierzucker (1:1)

Kirschkuppeltorte

Zutaten:

Biskuitboden:
2 fr. Eigelb
2 EL heißes Wasser
100 g Zucker
2 fr. Eiweiß
75 g Weizenmehl
30 g Stärke
1/2 TL Backpulver

Mürbeteigboden:
125 g Mehl
60 g Butter
40 g Zucker
1 fr. Ei
1 TL Backpulver

Füllung:
500 g Sauerkirschen a. d. Gl.
40 g Stärkemehl
Kirschkonfitüre
1/2 l Sahne
3 TL Zucker
2 P. Sahnesteif
200 g Marzipanrohmasse
1/4 l Sahne
Kakao
Belegkirschen

Zubereitung:

① Aus den angegebenen Zutaten einen Biskuit herstellen, in eine Springform (ø 30 cm) füllen und bei 180° C in ca. 15 Min. abbacken.
② Für den Mürbeteig alle Zutaten miteinander verkneten und in eine gefettete Springform drücken. Bei 180° C goldgelb abbacken.
③ Für die Füllung die entsteinten Kirschen abtropfen lassen, den Saft auffangen.
④ Stärkemehl mit 4 EL Saft anrühren, den übrigen Saft zum Kochen bringen, mit der Stärke binden. Die Kirschen unterheben.
⑤ Den ausgekühlten Mürbeteig mit Konfitüre bestreichen, den Biskuit darauf legen, Tortenrand umstellen und die Kirschen auf den Biskuit geben. Kalt stellen.
⑥ Tortenrand entfernen.
⑦ Die Sahne mit dem Zucker und dem Sahnesteif steif schlagen und kuppelartig auf die abgekühlten Kirschen häufen.
⑧ Marzipanrohmasse zwischen Klarsichtfolie dünn ausrollen und über die Torte legen. Ränder vorsichtig andrücken.
⑨ Mit Kakao bestäuben, dann mit Sahne und Belegkirschen dekorieren.

Buttermilchtorte

Zutaten:
(für eine Form – ø 26 cm)

100 g Löffelbiskuits
50 g Walnusskerne
125 g Butter
12 Bl. weiße Gelatine
1 unbeh. Zitrone
750 ml Buttermilch

weitere Zutaten
siehe nächste Seite

Zubereitung:

① Löffelbiskuits zerbröseln, Walnüsse hacken.
② Butter schmelzen, Löffelbiskuits und Walnüsse untermengen.
③ Diese Masse auf einer Tortenplatte mit umstellten Tortenrand glatt drücken. Kalt stellen.
④ Gelatine in kaltem Wasser einweichen, Zitrone heiß abwaschen, Schale abreiben, Saft auspressen.
⑤ Buttermilch, Zitronenschale und Zitronensaft mit 100 g Zucker verrühren.

⑥ Gelatine ausdrücken, bei schwacher Hitze auflösen und in die Buttermilch rühren. Kalt stellen.
⑦ Wenn die Buttermilch zu gelieren beginnt, die steif geschlagene Sahne unterheben.
⑧ Auf den Tortenboden geben und ca. 2 Std. kalt stellen.
⑨ Die gewaschenen, entstielten Erdbeeren auf die Torte häufen.
⑩ Aus dem Fruchtsaft, dem restlichen Zucker und dem Tortengusspulver einen Guss kochen und über die Erdbeeren gießen.
⑪ Vor dem Servieren Sahne schlagen und die Torte mit Sahnetupfen und Zitronenmelisseblättern garnieren.

weitere Zutaten:
125 g Zucker
250 ml Sahne
500 g Erdbeeren
250 ml roter Fruchtsaft
1 P. roter Tortenguss
100 ml Schlagsahne u. einige Zitronenmelissenbl. zum Garnieren

Joghurttorte

Zubereitung:
① Die Zutaten für den Krokantboden miteinander verkneten und in einer Springform bei 180° C ca. 10 Min. hellbraun abbacken.
② Den Biskuit ebenfalls herstellen und bei 180° C 10–15 Min. abbacken.
③ Auf den abgekühlten Krokantboden Zitronengelee streichen und den Biskuitboden darauf setzen.
④ Gelatine in kaltem Wasser einweichen
⑤ Eigelb mit dem kochenden Wasser, Zucker und Vanillezucker zu einer dickschaumigen Masse aufschlagen.
⑥ Joghurt, Zitronensaft und -schale unterrühren.
⑦ Die Gelatine ausdrücken und in heißem Wasser auflösen.
⑧ Etwas Joghurtmasse in die abgekühlte Gelatine rühren und diese Lösung in die Joghurtmasse gründlich einrühren. Kalt stellen.
⑨ In der Zwischenzeit Sahne steif und Eiweiß mit dem Zucker zu Schnee schlagen.
⑩ Fängt die Joghurtmasse an zu gelieren zuerst die Sahne und dann den Eischnee unterheben.
⑪ Die Creme auf den Biskuit streichen und mindestens 4 Std. kühl stellen.

Zutaten:
Krokantboden:
80 g Mehl
80 g Butter
80 g Zucker
80 g geha. Mandeln

Biskuit:
1 fr. Eiweiß
1–2 EL Wasser
70 g Zucker
70 g Mehl
1 Msp. Backpulver
1 fr. Eigelb
Zitronengelee od. Konfitüre nach Geschmack

Joghurtfüllung:
9 Bl. weiße Gelatine
3 fr. Eigelb
3 EL kochendes Wasser
200 g Zucker
1 P. Vanillezucker
3 B. Joghurt
Saft v. 1 1/2 Zitronen
abger. Schale v. 1/2 unbeh. Zitrone
250 ml Sahne
3 Eiweiß
40 g Zucker

Geh aus mein Herz und suche Freud
in dieser schönen Sommerzeit
an deines Gottes Gaben:
Schau an der schönen Gärten Zier
und siehe, wie sie mir und dir
sich ausgeschmücket haben.

(Paul Gerhard)

Nun ist es soweit, die Natur steht in üppiger Pracht. Es ist richtig Sommer, nicht nur nach dem Kalender. Die Mähdrescher stehen bereit und wenn es das Wetter zulässt, kann die Getreideernte beginnen. Viele Menschen träumen vom Urlaub.

Der Juli, benannt nach dem Feldherrn Julius Caesar, galt im Volksmund als der Heumonat. Dieser Monat beschert uns keine großen Feiertage. Doch das übergroße Angebot an Obst, Gemüse und Salat kann auch den Alltag zu einem kulinarischen Festtag werden lassen, wenn Sie z.B. den Tisch für die Arabische Bohnenpfanne üppig dekorieren oder abends auf der Terrasse den Brokkolikuchen mit einem Glas Wein genießen und der Duft vom Kräuterbeet die Sinne betört.

Möhren-Apfel-Rohkost

Zutaten:
(für 4 Personen)

500 g Möhren
3 Äpfel
4 EL Zitronensaft
4 EL Orangensaft
2 EL Zucker
2 EL Sesamöl

Zubereitung:

① Möhren putzen, waschen. Äpfel schälen.
② Alles mit der Küchenmaschine grob raspeln.
③ Eine Salatsoße aus Zitronensaft, Orangensaft, Zucker und Sesamöl herstellen und mit den Möhren und Apfelraspeln mischen.
④ Salat durchziehen lassen und servieren.

Gurkensalat

mit Kräuter-Joghurt-Dressing

Zutaten:

1 Salatgurke (ca. 600 g)
120 g saure Sahne
120 g Magerjoghurt
60 ml Vollmilch
1 EL Kräuteressig
15 g Akazienhonig
2 Bd. Dill
1 Bd. Schnittlauch
Kräutersalz
Pfeffer

Zubereitung:

① Die Gurke waschen und in Scheiben schneiden.
② Saure Sahne, Magerjoghurt und Vollmilch gut vermischen.
③ Dann vorsichtig den Essig zufügen und zuletzt den Akazienhonig unterziehen.
④ Die Dillzweige zupfen, den Schnittlauch in feine Röllchen schneiden und beides in die Salatsoße geben.
⑤ Das Dressing mit den Gewürzen pikant abschmecken und die Gurken unterheben.

Griechischer Bauernsalat

Zubereitung:

① Tomaten waschen und achteln.

② Ebenso die Gurke waschen und in Scheiben, die Gemüsezwiebel schälen und in Ringe schneiden.

③ Die Paprikaschoten waschen, entkernen, die weißen Trennwände entfernen und zusammen mit dem geputzten Eisbergsalat in schmale Streifen schneiden.

④ Den Feta grob würfeln und alles gut durchmischen, dabei auch die Oliven zugeben.

⑤ Aus Essig, Öl, Senf, Honig, Wasser und den Gewürzen eine leckere und pikante Marinade zubereiten und vorsichtig unter die obigen Zutaten mischen.

Zutaten:

120 g Fleischtomaten
100 g Salatgurke
80 g Gemüsezwiebel
1 grüne u. 1 rote Paprikaschote
1/2 Kopf Eisbergsalat
200 g Feta
80 g Oliven
2 EL Weißweinessig
4 EL Olivenöl
2 EL Senf
2 EL Honig
4 EL Wasser
Salz
Pfeffer
Basilikum

Rheinische Bohnensuppe

Zubereitung:

① Bohnen fädeln, waschen und in gleichmäßige Stücke schneiden.

② Mit dem gewaschenen Bohnenkraut in die kochende Fleischbrühe geben.

③ Kartoffeln schälen, würfeln und zu den Bohnen geben, ca. 30 Min. kochen.

④ Crème fraîche mit Mehl verquirlen und in die Suppe rühren. Aufkochen lassen, salzen und pfeffern.

⑤ Mettwürstchen in Stücke schneiden und in der Suppe kurz ziehen lassen.

⑥ Petersilie fein hacken und über die Suppe streuen.

Zutaten:

(für 4 Personen)

1 1/2 kg grüne Bohnen
einige Zweige Bohnenkraut
1 1/2 l Fleisch- od. Gemüsebrühe
600 g Kartoffeln
2 T. Crème fraîche
2 geh. EL Mehl
Salz
Pfeffer
4 Mettwürstchen
1 Bd. Petersilie

Zutaten:
(für 4 Personen)
1 gr. Zwiebel
2 Knoblauchzehen
400 g Kartoffeln
750 g grüne Bohnen
2 EL Olivenöl
250 ml Gemüsebrühe
4 Fleischtomaten
Meersalz
schwarzer Pfeffer
Cayennepfeffer
Kreuzkümmel
1 EL Honig
2 EL gerösteter Sesam
1 Bd. glatte Petersilie

Arabische Bohnenpfanne

Zubereitung:

① Zwiebel und Knoblauch schälen und in kleine Würfel schneiden.
② Kartoffeln schälen und in große Würfel schneiden.
③ Bohnen vorbereiten und in Stücke brechen.
④ Olivenöl erhitzen und alles anbraten. Mit Gemüsebrühe ablöschen und ca. 20 Min. garen.
⑤ Tomaten in kochendes Wasser tauchen, enthäuten, vierteln, entkernen und in Streifen schneiden.
⑥ Zu den Bohnen geben, 10 Min. schmoren und mit den Gewürzen und Honig abschmecken.
⑦ Vor dem Servieren mit Sesam und gehackter Petersilie bestreuen.

Duisburger Eierkuchen

Zubereitung:

① Fleischbrühe zum Kochen bringen.
② Schweinefilet hineingeben, ca. 35 Min. leicht köchelnd ziehen lassen, aus der Brühe nehmen und würfeln.
③ Für den Eierkuchenteig Mehl und Salz in eine Schüssel geben.
④ Eier trennen, Eigelb mit Milch verquirlen und nach und nach unter das Mehl rühren. Teig 30 Min. quellen lassen.
⑤ Eiweiß steif schlagen und unterheben.
⑥ In der Zwischenzeit Gemüse abtropfen lassen, dabei Gemüsewasser auffangen.
⑦ Butter in einem Topf schmelzen lassen, Mehl einrühren und anschwitzen. Fleischbrühe mit Gemüsewasser zu $3/4$ l Flüssigkeit auffüllen.
⑧ Mehlschwitze damit ablöschen und ca. 10 Min. einkochen lassen. Mit Salz und Zitronensaft abschmecken.
⑨ Gemüse und Fleischwürfel getrennt in je $1/4$ der Soße erhitzen.
⑩ Petersilie waschen, hacken und jeweils darüber streuen.
⑪ Eierkuchenteig umrühren, Eiweiß steif schlagen und unter den Teig heben.
⑫ Öl in einer Pfanne erhitzen und nach und nach 5 Eierkuchen backen.
⑬ Schichtweise mit Fleisch, Erbsen, Karotten und Spargel füllen.
⑭ Mit geriebenem Käse dick bestreuen.

Dazu schmeckt ein gemischter Salat.

Zutaten:

$1/2$ l Fleischbrühe
400 g Schweinefilet
250 g Mehl
$1/2$ TL Salz
4 fr. Eier
$1/2$ l Milch
4 fr. Eiweiß
250 g Karotten a. d. D.
250 g feine Erbsen a. d. D.
250 g Spargelstücke a. d. D.
60 g Butter
60 g Mehl
$3/4$ l Fleischbrühe
Salz
Saft v. $1/2$ Zitrone
1 Bd. Petersilie
Öl zum Braten
80 g ger. Gouda

Eier im Nudelnest

Zutaten:
500 g Spaghetti
500 g Tomaten
200 g roher Schinken
Butter für die Form
1 Knoblauchzehe
etwas Salz
200 ml flüssige Sahne
fr. gem. weißer Pfeffer
1 EL getr. Majoran
4 EL ger. Emmentaler
4 fr. Eier
Butter zum Braten
2 EL Schnittlauchröllchen

Zubereitung:
① Spaghetti in sprudelnd kochendem Salzwasser bissfest kochen.
② Im Sieb mit kaltem Wasser überbrausen und abtropfen lassen.
③ Tomaten kreuzweise einschneiden, mit kochendem Wasser überbrühen, häuten, vierteln und die Stängelansätze wegschneiden.
④ Rohen Schinken in Würfel schneiden.
⑤ Feuerfeste Form mit Butter einfetten und Spaghetti einfüllen, Tomaten und Schinken darüber verteilen.
⑥ Geschälte Knoblauchzehe mit etwas Salz zerdrücken, mit der Schlagsahne, Salz, Pfeffer und dem Majoran verrühren und anschließend über die Spaghetti gießen.
⑦ Alles mit dem geriebenen Käse überstreuen.
⑧ Im vorgeheizten Backofen bei 180° C ca. 20–25 Min. überbacken.
⑨ In der Zwischenzeit 4 Spiegeleier in Butter braten,
⑩ salzen und auf dem Auflauf verteilen.
Mit Schnittlauchröllchen bestreuen.

Dazu schmecken Wiener Würstchen.

Erbsen-Kartoffel-Eintopf

in Kräutersahne

Zutaten:
(für 4 Personen)
1 kg fr. Erbsen
750 g mehlig koch. Kartoffeln
40 g Butter
1/2 l Geflügelbrühe
1/2 l Sahne
Salz
Pfeffer
Muskatnuss
1 Bd. Petersilie
1/2 Bd. Dill
1/2 Bd. Schnittlauch

Zubereitung:
① Erbsen aus der Schale lösen, Kartoffeln schälen, waschen und würfeln.
② Beides in der Butter andünsten, mit Brühe auffüllen und 15 Min. garen.
③ Sahne einrühren mit Salz, Pfeffer und Muskat würzen.
④ Kräuter hacken und in die Suppe geben.

Mehlig kochende Kartoffeln geben der Suppe eine natürliche Bindung!

Brokkolitorte

Zubereitung:

① Aus Mehl, Butter, Salz, Ei und Wasser einen Mürbeteig herstellen und kalt stellen.
② Für den Belag Schinkenspeck würfeln und anbraten.
③ Brokkoli waschen, putzen und in leicht gesalzenem Wasser bissfest garen und abtropfen lassen.
④ Knoblauch pressen, mit Crème fraîche, Milch, Quark, Eiern, Salz, Pfeffer, Muskat und 1 EL Käse verquirlen.
⑤ Teig in eine Springform geben, ausrollen, Rand dabei hochziehen. Mit Semmelbröseln ausstreuen.
⑥ Speck und Brokkoli auf dem Teig verteilen und mit der Quark-Eier-Masse übergießen.
⑦ Mit restlichem Käse bestreuen und bei 180° C 40 Min. backen.

Dazu schmeckt eine Tomaten- oder Käsesoße mit einem frischen Salat.

Zutaten:
(für 4 Personen bzw. 12 Stücke)

Teig:
200 g Mehl
100 g Butter
1/2 TL Salz
1 fr. Ei
2–3 EL Wasser
2 EL Semmelbrösel

Belag:
150 g Schinkenspeck
1 kg Brokkoli
2 Knoblauchzehen
200 g Crème fraîche
3 EL Milch
150 g Quark
5 fr. Eier
1 TL Salz
1 TL Pfeffer
1 TL Muskatnuss
3 EL ger. Käse

Ungarisches Gulasch

Zutaten:
750 g Rindfleisch
750 g Zwiebeln
3 EL Schweineschmalz
3 EL Paprikapulver (edelsüß)
1 1/2 EL Tomatenmark
3 T. Wasser
Salz
Pfeffer
3 EL saure Sahne

Beilagen: Reis, Nudeln oder Kartoffeln.

Zubereitung:
① Das Fleisch in 2 cm große Würfel schneiden.
② Die Zwiebeln schälen und in grobe Stücke schneiden.
③ Das Schmalz in einem großen Topf erhitzen und die Fleischwürfel darin anbraten.
④ Die Zwiebelstücke zum angebratenen Fleisch geben und mitbraten, bis sie glasig sind.
⑤ 1 EL Paprikapulver und das Tomatenmark unterrühren.
⑥ 1 T. kochendes Wasser seitlich zugießen, salzen und das Gulasch bei milder Hitze im geschlossenen Topf schmoren lassen. Immer wenn es im Topf brutzelt, seitlich heißes Wasser zugießen.
⑦ Das Gulasch zuletzt mit dem restlichen Paprikapulver und dem Pfeffer abschmecken.
⑧ Die dickflüssige, saure Sahne verquirlen und unter das Gulasch rühren.

Vanillequark

mit Früchten (Erdbeerpüree)

Zutaten:
1/4 l Milch
100 g Zucker
1 Vanillestange
500 g Quark
200 ml Sahne
500 g Erdbeeren
2 EL Zucker
etwas Butter
5 EL kernige Haferflocken
100 g Zucker

Zubereitung:
① Milch mit Zucker und der aufgeschlitzten Vanillestange zum Kochen bringen. Vanillemilch abkühlen lassen.
② Quark mit der abgekühlten Vanillemilch glatt rühren.
③ Das Mark aus der Vanilleschote kratzen und mit der geschlagenen Sahne unter den Quark heben.
④ Erdbeeren waschen, putzen und mit dem Zucker pürieren. (Tiefkühlerdbeeren einmal aufkochen lassen.)
⑤ Für den Krokant Butter in der Pfanne schmelzen lassen. Haferflocken und Zucker dazugeben und unter ständigem Rühren karamellisieren lassen.
⑥ Den fertigen Vanillequark schichtweise mit dem Erdbeerpüree in eine hohe Schüssel geben.
⑦ Krokant separat dazu reichen.

Nasser Kuchen

Zubereitung:

① Aus den angegebenen Zutaten einen Hefeteig herstellen, ca. 1 Std. gehen lassen.
② Den Pudding nach Packungsanleitung bereiten und 2/3 des Puddings auf dem ausgerollten Hefeteig verteilen. Nun das Obst darauf geben.
③ Den restlichen Pudding mit dem Schmand, dem Sahnequark, Eigelb und dem Vanillezucker verrühren, auf dem Obst glatt streichen und nochmals ca. 1 Std. gehen lassen.
④ Den Blechkuchen ca. 1 Std. bei mittlerer Hitze goldbraun backen.

Zutaten:
(für 1 Blech)

Teig:
600 g Mehl
175 ml Milch
130 g Zucker
30 g Hefe
150 g Margarine
1 fr. Ei
1 Pr. Salz

Belag:
1 P. Vanille- od. Sahnepudding
fr. od. eingek. Obst
(z.B. Johannisbeeren)
300 g Schmand
250 g Sahnequark
1 fr. Eigelb
1 P. Vanillezucker

Himbeersahne in Waffeltüten

Zubereitung:

Waffeln:
① Eier, Puderzucker und 1 P. Vanillezucker schaumig rühren. Nach und nach Mehl und Salz zufügen.
② Den Teig löffelweise in ein vorgeheiztes Hörnchen- oder Oblateneisen geben und goldbraun braten.
③ Waffeln sofort zu Tüten drehen und erkalten lassen.
④ Kuvertüre im heißen Wasserbad schmelzen und die Ränder und die Spitzen der Waffeltüten darin eintauchen.
⑤ Zum Trocknen z.B. in ein Glas stellen, damit der Schokoladenrand nicht beschädigt wird.

Himbeersahne:
① Die Gelatine einweichen.
② Himbeeren waschen, abtropfen lassen und (bis auf einige für die Garnitur) mit einer Gabel zerdrücken.
③ Zucker und den Himbeergeist hinzufügen.
④ Gelatine ausdrücken und in etwas heißem Wasser auflösen. Gründlich unter das Himbeermus rühren.
⑤ Die Sahne steif schlagen und wenn die Himbeeren anfangen zu gelieren, die Sahne unterheben.
⑥ Die fertige Masse in einen Spritzbeutel mit Lochtülle geben und die Waffeltüten damit befüllen.

Zum Garnieren empfehlen sich ein paar Himbeeren und Zitronenmelisseblättchen.

Zutaten:
(für 12 Stück)

Waffeln:
3 fr. Eier
100 g Puderzucker
3 P. Vanillezucker
100 g Mehl
$1/2$ TL Salz
100 g dunkle Kuvertüre

Himbeersahne:
6 Bl. rote Gelatine
500 g Himbeeren
80 g Zucker
2 cl Himbeergeist
$1/2$ l Schlagsahne
Zitronenmelisseblätter

Man sollte öfter einmal Feste feiern,
nicht erst wenn eins fällt.
Man kann sie ohne Gäste feiern
und ohne Geld.

Ein hübsches Fest heißt Freunde-Suchen.
Ein lustiges heißt: Lachen-Fest.
Es gibt das Fest der Pflaumenkuchen,
das Drachenfest.

Ich könnte euch noch viele nennen,
doch hoff ich, ihr versteht:
Man muß auch grundlos feiern können,
wenn's sonst nicht geht.

(Rudolf Neumann)

Nach Gajus Oktavius Augustus, dem ersten Kaiser des Römischen Reiches, wurde der Monat August benannt. Die Getreideernte ist in vollem Gange und erste Stoppelfelder sind sichtbar. Deshalb hieß dieser Monat bei uns früher auch Ährenmonat oder Ernting. Das Leben spielt sich jetzt verstärkt im Freien ab. Terrasse, Garten oder Balkon sind beliebte Aufenthaltsplätze. Eine spontane Grillparty mit Freunden ist schnell in die Wege geleitet.

Die Apfelernte beginnt nun mit den Frühäpfeln. Apfelkuchen in allen möglichen Varianten laden zum Verzehr ein. Die Pflaumen- und Mirabellenernte folgt Ende des Monats. Ein übergroßes Angebot an Gemüse und Salat sorgt für Abwechslung. Als da wären Tomaten in Hülle und Fülle, mit wunderbarem Geschmack nach Sommer und Sonne, dicke Schmorgurken, viele Kohlarten und Pilze, um nur einige zu nennen.

August

Gebackene Knoblauchkartoffeln

Zutaten:
1 kg Kartoffeln, geschält
150 ml fr. gepresster Zitronensaft
60 ml Olivenöl
2 TL Oregano
3 Knoblauchzehen, sehr fein geha.
Salz
fr. gem. Pfeffer
100 ml Wasser

Zubereitung:
① Den Ofen auf 220° C vorheizen.
② Die Kartoffeln vierteln oder achteln und in eine große, flache, ofenfeste Form legen.
③ Die restlichen Zutaten hinzufügen und so verteilen, dass die Kartoffeln damit bedeckt sind. Dabei die Kartoffeln zuerst mit dem Zitronensaft und danach sofort mit dem Olivenöl beträufeln.
④ Auf der oberen Schiene ohne Deckel etwas 1 Std. backen, bis sie leicht braun, außen knusprig und innen weich sind.
⑤ Während des Garens die Kartoffeln ab und zu bewegen und eventuell Wasser hinzufügen.

Vegetarischer Brotaufstrich

Zutaten:
500 g gerasp. Zucchinis
500 g gew. Zwiebeln
500 g gew. Paprika
500 g gew. Möhren
500 g gew. Sellerie
500 g Tomaten, gehäutet u. gew.
Rapsöl
Olivenöl
Sambal Olek (sehr scharfe indonesische Würzsoße)
1 gepresste Knoblauchzehe
Salz

Zubereitung:
① Das ganz fein gewürfelte Gemüse, jeweils getrennt in Rapsöl anbraten.
② Dann alles zusammen in den Bräter geben und langsam schmoren lassen, bis eine schöne Konsistenz erreicht ist.
③ Olivenöl zufügen.
④ Mit Sambal Olek, gepresstem Knoblauch und Salz abschmecken.
⑤ In kleine Gläser füllen, gut mit einem Deckel verschließen und sterilisieren.

Serviertipp für eine kleine warme Mahlzeit:
Eine Scheibe Graubrot rösten, vegetarischen Brotaufstrich erhitzen, auf das Brot streichen und mit einem Spiegelei vollenden.

Tomaten mit Käsefüllung

Zubereitung:

① Tomaten waschen, trocknen, Deckel abschneiden, aushöhlen und in eine bebutterte Auflaufform setzen.

② Kartoffeln in Scheiben schneiden und um die Tomaten legen.

③ Zwiebeln hacken, in Butter dünsten, abkühlen lassen und mit Käse und Petersilie gemischt in die Tomaten füllen.

④ Eier mit Salz, Pfeffer, Paprika, Schnittlauch, Sahne und Milch verquirlen und über die Tomaten gießen.

⑤ Bei 200° C ca. 20 Min. garen.

Zutaten:

(für 4 Personen)

12 Tomaten
Butter für die Form
6–8 mittelgr. Pellkartoffeln
2 Zwiebeln
1 EL Butter
150 g gerasp. Hartkäse
1 EL geha. Petersilie
4 fr. Eier
Salz
Pfeffer
Paprikapulver (edelsüß)
2 EL Schnittlauchröllchen
200 ml Sahne
1/8 l Milch

Gefüllte Champignons

mit Käse überbacken

Zutaten:
(für 4 Personen)
100 g Grünkern
500 g gr. Champignons
50 g Zwiebeln
Wasser zum Kochen
1 EL Butterschmalz
1 Kästchen Kresse
Salz
weißer Pfeffer
Butter zum Fetten der Form
150 g Edelschimmelkäse od. mittelalter Schnittlauchkäse

Als Vorspeise oder Teil eines Buffets geeignet.

Zubereitung:
① Grünkern einweichen.
② Die Champignons waschen und den Stiel herausdrehen.
③ Die Stiele in feine Würfel schneiden, ebenso die Zwiebeln.
④ Den eingeweichten Grünkern im Verhältnis 1:1 mit Wasser zum Kochen bringen und ausquellen lassen, bis die Flüssigkeit aufgesogen ist.
⑤ Die Zwiebeln in Butterschmalz anschwitzen, Champignonstiele dazugeben und ca. 5 Min. dünsten.
⑥ Nun Grünkern und Kresse zufügen, alles gut vermischen.
⑦ Mit Salz und Pfeffer abschmecken.
⑧ Die Champignons in eine gebutterte Form setzen und mit der Masse füllen.
⑨ Den Käse darauf verteilen und bei 180° C überbacken.

Gurken in Senf-Dill-Soße

Zutaten:
600 g Kartoffeln
1 kg Schmorgurken
40 g Butter
20 g Mehl
½ l Fleischbrühe
2 EL körniger Senf
1 TL Zitronensaft
50 ml Sahne
Salz
Pfeffer
1 EL Senfkörner
1 Bd. Dill

Zubereitung:
① Kartoffeln schälen, waschen, würfeln und in Salzwasser 10 Min. kochen
② Gurken schälen, halbieren, mit einem Löffel die Kerne herauskratzen. Gurken in dicke Scheiben schneiden
③ 30 g Butter in einem Topf schmelzen lassen, die Gurken zugeben, glasig dünsten und mit dem Mehl überstäuben. Umrühren, leicht anschwitzen lassen und die Brühe dazugießen. Aufkochen lassen und 15–20 Min. zugedeckt garen.
④ Sahne und Kartoffeln zugeben und mit Senf, Zitronensaft, Salz sowie Pfeffer abschmecken. Restliche Butter in einer Pfanne erhitzen, die Senfkörner darin anbraten. Senfkörner und den fein gehackten Dill über das Gemüse streuen.

Blumenkohl im Schinken-Eier-Kranz

mit Quarkremoulade

Zubereitung:

① Blumenkohl in Salzwasser mit einem Schuss Milch bissfest kochen. Abtropfen lassen.
② Eier hart kochen.
③ Quark mit Mayonnaise verrühren, gehackte Petersilie, in kleine Würfel geschnittene Schalotte und Gewürzgurken zufügen und ebenfalls verrühren.
④ Mit Zucker und Pfeffer abschmecken.
⑤ Blumenkohl auf eine sehr große runde Platte legen.
⑥ Die Remoulade über den Blumenkohl ziehen.
⑦ Gepellte, in Viertel geschnittene Eier, Schinkenröllchen und geviertelte Tomaten um den Blumenkohl herum verteilen.

Zutaten:
1 Blumenkohl
etwas Milch
4 fr. Eier
125 g Magerquark
100 g Mayonnaise
1 Bd. Petersilie
1 Schalotte
2 Gewürzgurken
1 Pr. Zucker
Pfeffer a. d. Mühle
4 Scheiben Kochschinken
4 Scheiben roher Schinken
4 Tomaten

Mit frischem Graubrot ein herzhaftes Abendessen oder als Teil eines kalten Buffets.

Lasagne

Zubereitung:

① Tomaten etwas zerkleinern und mit den Gewürzen ca. 15 Min. köcheln lassen.
② Suppengrün, Zwiebeln und Knoblauchzehen fein würfeln, mit Öl anbraten und zu den Tomaten geben.
③ Den Speck in Butter anbraten, das Gehackte dazugeben und ebenfalls anbraten. Mit Rotwein ablöschen und mit Pfeffer und Brühe abschmecken.
④ Aus Butter, Mehl und Milch eine Mehlschwitze herstellen, mit geriebenem Käse vollenden und mit Pfeffer abschmecken.
⑤ Auflaufform mit Öl auspinseln und mit Nudeln auslegen, Fleischsoße darauf geben und dünn mit Käsesoße bestreichen. Diesen Vorgang wiederholen bis alles aufgebraucht ist.
⑥ Zum Schluss Nudeln und Käsesoße zufügen und geriebenen Käse darüber streuen.
⑦ Bei 200° C ca. 40 Min. im Ofen backen.

Zutaten:
1 D. Tomaten
1 TL Oregano
1 TL Thymian
1 Lorbeerbl.
Suppengrün
4 Zwiebeln
2 Knoblauchzehen
Öl zum Braten
100 g durchw. Speck
60 g Butter
600 g Gehacktes
1/4 l Rotwein
etwas Pfeffer
etwas Instantbrühe
60 g Mehl
1 l Milch
300 g ger. Edamer
250 g Lasagne-Nudeln

Zutaten:

- 1 küchenfertiges Masthuhn (ca. 1 1/2 kg)
- Salz
- Pfeffer
- 3 EL Mehl
- 6 Zwiebeln
- 6 Knoblauchzehen
- 250 g Möhren
- 200 g Sellerie
- 50 g Butter
- 1/8 l Olivenöl
- 1/4 l Weißwein
- 1 Bd. Majoran
- 1 Bd. Thymian
- 2 Lorbeerblätter
- 1 gr. D. Tomaten
- 2 Bd. Petersilie
- abger. Schale v. 1 unbeh. Zitrone

Auetaler Sonntagshuhn

Zubereitung:

① Das Masthühnchen gründlich abspülen.
② Mit Küchenpapier trockentupfen, mit einem scharfen Messer in 8 Stücke zerteilen. (Die Karkasse für Geflügelfond oder Brühe verwenden.)
③ Die Hühnchenstücke rundum mit Salz und Pfeffer kräftig einreiben und mit Mehl bestäuben. Das überschüssige Mehl leicht abklopfen.
④ Zwiebeln und Knoblauchzehen schälen und sehr fein hacken.
⑤ 1 EL gehackte Knoblauchzehen beiseite stellen.
⑥ Möhren und Sellerie schälen, waschen, trockentupfen und in kleine Würfel schneiden.
⑦ Fett in einem Topf erhitzen. Zwiebeln, Knoblauch, Möhren und Sellerie darin andünsten. Dann zugedeckt 10 Min. weiterdünsten.

⑧ Öl in einem großen Bräter erhitzen. Hühnchenstücke darin von allen Seiten kräftig anbraten. Herausnehmen.
⑨ Den Bratensatz mit 1/8 l Wasser und Wein ablöschen, Gemüse hineingeben, Hühnchenstücke auflegen.
⑩ Majoran und Thymian waschen und fein hacken. Mit den Lorbeerblättern zufügen. Tomaten abtropfen lassen, grob hacken und ebenfalls zufügen.
⑪ Den Bräter zudecken und das Fleisch im vorgeheizten Backofen bei 180° C ca. 75 Min. schmoren.
⑫ Petersilie waschen und fein hacken.
⑬ Mit 1 EL gehacktem Knoblauch und Zitronenschale mischen.
⑭ Vor dem Servieren über das Gericht streuen.

Dazu schmeckt körnig gekochter Reis oder ofenfrisches Baguette.

Rinderbrust

mit Bouillonkartoffeln und Meerrettichsahne

Zubereitung:

① Rinderbrust waschen, in leicht kochendes und gesalzenes Wasser legen und ca. 2 Std. leicht köcheln lassen.
② Währenddessen Kartoffeln, Sellerie und Möhren schälen, waschen und in nicht zu kleine Würfel schneiden.
③ Lauch putzen und in Ringe schneiden.
④ Das Fleisch aus der Brühe nehmen, in Alufolie wickeln und in den warmen Backofen legen.
⑤ Das vorbereitete Gemüse in einen Topf geben und mit der Rinderbrühe auffüllen. Ca. 20–30 Min. kochen lassen.
⑥ Mit Salz, Pfeffer und gekörnter Brühe abschmecken. anschließend mit gehackter Petersilie bestreuen.
⑦ Fleisch aufschneiden und auf einer Platte anrichten, mit den Kartoffeln servieren.
⑧ Dazu die aus geschlagener Sahne, Meerrettich, etwas Zucker und einem Spritzer Zitronensaft hergestellte Meerrettichsahne reichen.

Zutaten:
(für 4 Personen)

800 g – 1 kg Rinderbrust
2 l Wasser
800 g Kartoffeln
100 g Sellerie
5 mittelgr. Möhren
1 Stange Lauch
Salz
Pfeffer
gekörnte Brühe
1 Bd. Petersilie
ca. 2 B. Sahne (geschlagen), nach Bedarf
Meerrettich (Gl. od. fr. ger.)
etwas Zucker
etwas Zitronensaft

Zwetschgen-Quark-Kuchen

Zutaten:

Teig:

400 g Mehl
200 g Zucker
2 TL Backpulver
100 g Butter
1 P. Vanillezucker
2 kl. fr. Eier

Belag:

1 kg Zwetschgen
1 kg Speisequark
200 g Zucker
1 P. Vanillepuddingpulver
5 fr. Eigelb
300 ml Sahne
5 fr. Eiweiß
1 Pr. Salz
150 g gem. Mandeln
100 g Semmelbrösel
Puderzucker zum Bestäuben

Zubereitung:

① Aus den Zutaten für den Teig einen Knetteig herstellen und 30 Min. kalt stellen.
② Den Teig ausrollen, auf ein Backblech legen, leicht andrücken, einen Rand hochziehen und mit einer Gabel mehrmals einstechen.
③ Für den Belag die Zwetschgen waschen, halbieren und entsteinen.
④ Den Quark in eine Schüssel geben, mit dem Zucker, dem Puddingpulver und dem Eigelb verrühren.
⑤ Die Sahne steif schlagen und unterheben.
⑥ Eiweiß mit Salz steif schlagen, ebenfalls unterheben.
⑦ Die Quarkmasse auf den Teig geben und mit den Zwetschgen belegen.
⑧ Mandel und Semmelbrösel vermischen und die Zwetschgen damit gleichmäßig bestreuen.
⑨ Im vorgeheizten Backofen bei 170° C ca. 45 Min. backen. Nach dem Auskühlen mit Puderzucker bestäuben.

Zwetschgenauflauf

Mit Vanillesoße servieren.

Zutaten:

150 g alte Brötchen
1/4 l Milch
1 kg Zwetschgen
150 g Zucker
70 g Butter
4 fr. Eigelb
1 Pr. Salz
abger. Schale v. 1 unbeh. Zitrone
1 Gl. Rum
80 g Mehl
80 g gem. Mandeln
4 fr. Eiweiß
Öl zum Einfetten
20 g Semmelbrösel
20 g Butter

Zubereitung:

① Brötchen in Scheiben schneiden und in einer Schüssel mit heißer Milch übergießen. 20 Min. weichen lassen.
② Zwetschgen waschen, abtropfen lassen und entsteinen. In eine Schüssel geben und mit der Hälfte des Zuckers bestreuen.
③ Butter in einer Schüssel schaumig schlagen, nach und nach Eigelb und restlichen Zucker hinzufügen.
④ Salz, Zitronenschale, Rum und Brötchenmasse einrühren.
⑤ Mehl und Mandeln mischen, auf die Eiermasse geben.
⑥ Eiweiß zu Schnee schlagen und aufs Mehl gleiten lassen. Alles unterheben.
⑦ Eine feuerfeste Form mit Öl einfetten, die Hälfte des Teiges einfüllen, darauf die Zwetschgen verteilen, dann den restlichen Teig drübergeben.
⑧ Semmelbrösel auf die Oberfläche streuen und Butter in Flöckchen draufsetzen.
⑨ 1 Std. bei 180° C backen.

Apfel-Wein-Kuchen

Zutaten:
für den Teig:
125 g Butter
100 g Zucker
1 fr. Ei
200–250 g Mehl
2 TL Backpulver

für den Belag:
1 kg Äpfel (z.B. Boskop)
2 P. Vanillepuddingpulver
$^{3}/_{4}$ l Riesling
250 g Zucker
$^{1}/_{2}$ l geschlagene Sahne
Krokant zum Verzieren

Zubereitung:
① Aus Butter, Zucker, Ei, Mehl und Backpulver einen Mürbeteig herstellen und im Kühlschrank 30 Min. ruhen lassen.
② Anschließend wird der Teig in einer Springform (ø 26 cm) ausgeknetet, dabei den Rand ca. 3 cm hochdrücken.
③ Nun die Äpfel, geschält, entkernt und geachtelt auf den Mürbeteig legen.
④ Puddingpulver mit Wein und Zucker aufkochen, etwas abkühlen lassen, anschließend über die Äpfel geben.
⑤ Das Ganze bei 180° C (Heißluft) ca. 35–45 Min. backen.
⑥ Abschließend den abgekühlten Kuchen mit der geschlagenen Sahne bestreichen und mit Krokant verzieren.

Apfeltiramisu

Zutaten:
Apfelmus:
1 kg Äpfel
Wasser
Zitronensaft
Zucker nach Geschmack

Krokant:
1 EL Butter
50 g Zucker
100 g Mandelblätter

Creme:
250 g Mascarpone
1 EL Zucker
250 g Quark
1 EL Vanillezucker
7 EL Milch

Biskuit:
200 g Löffelbiskuits
70 ml Amarettolikör
Kakao zum Bestreuen

Zubereitung:
① Äpfel schälen, klein schneiden und mit etwas Wasser, Zitronensaft und Zucker nach Geschmack zu Mus kochen.
② Für den Krokant Butter und Zucker in einer Pfanne schmelzen lassen. Mandelblätter darin unter ständigem Rühren bräunen. Abkühlen lassen, dabei immer wieder rühren.
③ Für die Creme alle Zutaten gut miteinander verrühren und abschmecken.
④ Zum Einfüllen eine ovale oder rechteckige Form nehmen.
⑤ Die erste Hälfte der Löffelbiskuits in die Form legen und mit der Hälfte des Likörs tränken.
⑥ Apfelmus und Creme abwechselnd mit den restlichen, in Likör getränkten Biskuits einschichten.
⑦ Zum Schluss Kakao und Mandelkrokant auf die oberste Cremeschicht streuen.
⑧ Apfeltiramisu im Kühlschank durchziehen lassen.

Bunt sind schon die Wälder,
gelb die Stoppelfelder,
und der Herbst beginnt.
Rote Blätter fallen,
graue Nebel wallen,
kühler weht der Wind.

(Johann Gaudenz von Salis-Seewis)

Abschiedsmonat vom Sommer; das ist der September. Holzmond, eine alte Bezeichnung für diesen Monat, sagt aus, dass nach der Feldernte die Arbeit im Wald wieder begann. Ende September fand bei unseren germanischen Vorfahren der Herbstgerichtstag statt. Bei uns im Dorf wird Ende September Erntefest gefeiert. Ein Fest, an dem sich das ganze Dorf beteiligt; Einheimische und Neubürger. Wochen vorher wird das Getreide gemäht, es werden Garben gebunden und die Garben werden im Schock zum Trocknen aufgestellt. Alles wie vorm Mähdrescherzeitalter. Danach beginnt in den Scheunen die eigentliche Arbeit. Die Erntewagen werden geschmückt. Dass dabei die Gespräche, Hunger und Durst nicht zu kurz kommen, versteht sich von selbst. Mit dem Binden der Erntekrone finden die Vorbereitungen ihren Abschluss.

Freitagabend beginnt das Erntefest mit einer Andacht auf dem Hof des Erntebauern. Jung und Alt nehmen daran teil. Es wird gesungen und getanzt. Nach dem Süßigkeiten verteilt und einer eingeschenkt wurde, geht es weiter. So wird die Erntekrone von Hof zu Hof getragen. Den eigentlichen Höhepunkt des Festes bildet am Sonntag der Umzug mit den geschmückten Wagen. Voll besetzt mit fröhlichen Menschen wird durch alle Ortsteile und die Nachbardörfer gefahren.

Die Natur hält ein wahres Füllhorn an Obst und Gemüse für uns bereit. Tomaten reifen jetzt jeden Tag. Pilze, Fenchel und Kürbis, Holunderbeeren, Birnen, Kartoffeln und Zwetschgen warten auf verschiedenste Zubereitungsarten.

September

Fenchel-Apfel-Salat

mit Walnüssen

Zutaten:

400 g fr. Fenchelknollen
160 g Walnüsse
1 Banane
1 Apfel, sauer
2 Orangen
Saft v. $^1/_2$ Zitrone
150 g Joghurt
50 g Sahne
Saft v. 1 Orange
2 EL Ahornsirup
1 EL Petersilie

Zubereitung:

① Fenchelknollen waschen, putzen, halbieren, den Kern entfernen und in dünne Scheiben scheiden.
② Walnüsse grob hacken (einige Hälften vorher beiseite legen).
③ Banane schälen und in Scheiben teilen, Apfel waschen, entkernen und in Spalten schneiden.
④ Orangen schälen, die Filets herauslösen.
⑤ Den Zitronensaft über Obst und Gemüse geben und alles vorsichtig mischen.
⑥ Joghurt, Sahne, Saft einer Orange und Ahornsirup zu einem Dressing rühren und unter den Salat mischen.
⑦ Mit gehackter Petersilie und den übrigen Walnusshälften bestreuen.

Eingelegte Tomaten

Zutaten:

500 g Kirschtomaten
250 g Frischkäse mit Kräutern der Provence (a. d. Bauernladen)
1 l Olivenöl

Zubereitung:

① Tomaten waschen, Deckel abschneiden und aushöhlen.
② Frischkäse in einen Spritzbeutel mit glatter Tülle füllen und in die Tomaten spritzen. Die Tomaten in saubere verschließbare Gläser füllen und mit dem Öl aufgießen.
③ Im Kühlschrank ca. 3 Wochen haltbar.

Kartoffelcreme mit Steinpilzen

Zutaten:

500 g Kartoffeln
1 Bd. Suppengrün
1 l Fleisch- od. Gemüsebrühe
Salz
Pfeffer
ger. Muskatnuss
2 EL Butter
2 fr. Eigelb
1/8 Sahne
750 g fr. Steinpilze
1 Zwiebel
1 EL Öl

Zubereitung:

① Kartoffeln schälen, waschen und in kleine Würfel schneiden.
② Suppengrün putzen, waschen und sehr klein schneiden.
③ Die Kartoffelwürfel und das Suppengrün mit der Brühe zum Kochen bringen und zugedeckt bei milder Hitze 20 Min. kochen lassen.
④ Suppe durch ein Sieb passieren oder im Mixer pürieren.
⑤ Die Suppe bei milder Hitze noch einmal erwärmen, mit Salz, Pfeffer und Muskat abschmecken und mit Butter verfeinern.
⑥ Das Eigelb mit der Sahne verquirlen.
⑦ Suppe vom Herd nehmen, Eigelb-Sahne unterrühren und die Suppe erneut erhitzen, aber nicht mehr kochen lassen.
⑧ Steinpilze putzen und waschen und auf einem Sieb abtropfen lassen. In ca. 2 cm große Stücke schneiden.
⑨ Zwiebel schälen und fein hacken.
⑩ Öl in einem Topf erhitzen, Zwiebelwürfel hineingeben und glasig werden lassen. Pilze hinzufügen.
⑪ Unter Rühren 5 Min. braten. Salzen, nach Geschmack pfeffern und im geschlossenen Topf 5 Min. im eigenen Saft schmoren lassen.
⑫ Steinpilze in die Kartoffelsuppe geben und etwas ziehen lassen.

Zutaten:

Puffer:

1000 g gr. Kartoffeln
2 Zwiebeln
500 g Möhren
3 fr. Eier
Salz
Öl zum Braten

Dressing:

20 g Minzblätter
10 g Zitronenmelisse
100 g Crème fraîche
500 ml Joghurt
etwas Chilipulver
etwas Salz
etwas Zucker
Minz- od. Melisseblättchen zum Garnieren

Möhren-Kartoffel-Puffer

mit Joghurtsoße

Zubereitung:

① Kartoffeln, waschen, schälen, mit Haushaltspapier abtrocknen.
② Mit der Küchenmaschine auf der feinen Reibe in eine Schüssel reiben.
③ Zwiebeln schälen und auch reiben.
④ Möhren schrappen und zu den Kartoffeln raspeln.
⑤ Eier zufügen, salzen, alles gut verrühren.
⑥ Öl portionsweise in einer Pfanne erhitzen und darin knusprige Puffer braten.
⑦ Für die Joghurtsoße die Minzblätter und Zitronenmelisse fein hacken und zusammen mit Crème fraîche und etwas Zucker unter den Joghurt rühren.
⑧ Zuletzt mit etwas Chilipulver und Salz pikant abschmecken und garnieren.

Zutaten:

1 Wirsing (ca. 700 g)
50 g Butter
Salz
Pfeffer
1/4 l Gemüsebrühe
1/4 l Schlagsahne
200 g durchw. Speck
4 fr. Eier
2 fr. Eigelb
1 Bd. Schnittlauch

Dazu passen Pellkartoffeln oder Baguette.

Wirsing in Schnittlauchsahne

Zubereitung:

① Den Wirsing putzen, waschen, vierteln und dann den Strunk herausschneiden.
② Wirsingviertel in Streifen schneiden. In der Butter andünsten. Mit Salz und Pfeffer würzen.
③ Brühe und Sahne zugießen und alles bei milder Hitze zugedeckt 15–20 Min. garen.
④ In der Zwischenzeit Speck fein würfeln und in einer Pfanne knusprig ausbraten.
⑤ Eier 8 Min. kochen, abschrecken und pellen, dann halbieren.
⑥ Das Eigelb verquirlen.
⑦ Wirsing vom Herd nehmen, das Eigelb einrühren, nicht mehr kochen lassen.
⑧ Den Schnittlauch in kleine Röllchen schneiden und mit dem Speck zum Wirsing geben.
⑨ Abschmecken und mit den halben Eiern servieren.

Kaninchensülze

Zubereitung:

① Den Rücken und die Keulen von Sehnen, Haut und Knochen befreien.
② Die Knochen, Häute, Sehnen und Fett zerkleinern und in Öl scharf anbraten.
③ Das Suppengrün waschen, putzen und klein schneiden, eine Zwiebel abziehen und in dicke Scheiben schneiden. Alles mit anrösten und mit 2 l Wasser auffüllen.
④ Aufkochen, salzen und 1 Std. leicht köcheln lassen.
⑤ Danach durch ein Tuch passieren und auf gut 1 1/4 l reduzieren. Die Brühe mit Salz, Pfeffer, Essig und Zucker kräftig abschmecken.
⑥ Die eingeweichte Gelatine ausdrücken und in der heißen Brühe auflösen.
⑦ Kaninchenrücken und Keulen salzen, pfeffern und in heißem Öl von allen Seiten leicht anbraten.
⑧ Mit je 1/8 l heißer Fleischbrühe und Wein ablöschen und mit geschlossenem Deckel bei 180° C in ca. 40 Min. rosa braten. Auskühlen lassen.
⑨ Erbsen, Möhren und grüne Bohnen in leicht gesalzenem Wasser bissfest garen.
⑩ Die Tomaten blanchieren, Haut abziehen, vierteln und die Kerne entfernen.
⑪ Eine Kastenform mit Folie auslegen und mit etwas Kaninchenfond ausgießen und fest werden lassen.
⑫ Dann schichtweise die verschiedenen Gemüse und in die Mitte das Kaninchenfleisch geben. Immer lagenweise arbeiten und die einzelnen Schichten fest werden lassen.
⑬ Zuletzt mit dem Fond auffüllen.
⑭ Dazu eine Remoulade rühren aus der Mayonnaise, Senf, klein gehackten Zwiebel, Gewürzgurke, Kapern, Sardellenfilets, Salz und Pfeffer. Die gehackte Petersilie unterrühren.

Zutaten:

1 1/2 kg Kaninchenrücken u. Keulen
1 Bd. Suppengrün
Salz
gem. Pfeffer
Essig
1 Pr. Zucker
20 Bl. Gelatine
Öl
1/8 l Wein
100 g Erbsen
300 g Möhren
300 g Stangenbohnen
5 Tomaten
300 g Mayonnaise
Senf
1 kl. Zwiebel
2 kl. Gewürzgurken
Kapern
Sardellenfilets
geha. Petersilie

Überbackene Rinderzunge

Zutaten:
1 fr. Rinderzunge
Suppengrün
1 Lorbeerbl.
Pfefferkörner
Salz
500 g fr. Champignons
1 Zwiebel
etwas Butter zum Dünsten
1/4 l saure Sahne
3 EL Semmelbrösel
5 EL ger., mittelalter Gouda
etwas gem. Pfeffer

Zubereitung:

① Die gründlich gewaschene Zunge unter Zugabe von Suppengrün und Gewürzen in kräftig gesalzenem Wasser gar kochen. Danach sofort abziehen.
② Nach dem Erkalten in Scheiben schneiden.
③ Champignons putzen und in Scheiben schneiden, die Zwiebel abziehen und würfeln.
④ Butter in einer Pfanne erhitzen, die Zwiebelwürfel darin dünsten und die Champignons zufügen. Alles gut durchschwitzen lassen.
⑤ Die saure Sahne mit den Semmelbröseln verrühren und mit den Champignons vermengen.
⑥ Geriebenen Käse unterziehen und mit Salz und Pfeffer abschmecken.
⑦ Die Füllung auf die Zungenscheiben streichen und die Zunge wieder ganz zusammensetzen. Mit dem Rest der Füllung die Zunge von außen bestreichen.
⑧ Im Backofen bei 200° C ca. 30 – 40 Min. überbacken.

Fliederbeersuppe mit Grießklößchen

Zutaten:
1 kg Fliederbeeren (Holunderbeeren)
1 l Wasser
abger. Schale v. 1/2 unbeh. Zitrone
1 Zimtstange
2 säuerl. Äpfel
1 Pr. Salz
1 EL Zucker
20 g Speisestärke
1/4 l Milch
30 g Butter
1 Pr. Salz
125 g Zucker
100 g Grieß
2 fr. Eier

Zubereitung:
① Fliederbeeren waschen, Früchte von den Dolden zupfen und in 1 l kochendes Wasser geben.
② Zitronenschale und Zimtstange zufügen und 10 Min. garen, durch ein Sieb gießen und gewonnenen Saft im Topf auffangen.
③ Äpfel schälen, entkernen und in Schnitze zerkleinern.
④ Äpfel, Salz und Zucker in den Beerensaft geben und alles aufkochen.
⑤ Speisestärke mit kaltem Wasser anrühren und die Suppe damit binden.
⑥ Für die Grießklößchen die Milch mit Butter, Salz und Zucker aufkochen.
⑦ Grieß einrieseln lassen und unter Rühren zu einem dicken Kloß kochen. (Der Kloß muss sich vom Topfboden lösen.)
⑧ Die Eier nacheinander in die Grießmasse reinrühren.
⑨ Mit einem angefeuchteten Teelöffel kleine Klößchen abstechen und in die Suppe gleiten lassen.
⑩ In 10 Min. gar ziehen lassen, nicht kochen.

Birnen-Rotwein-Kompott

Zutaten:
375 ml Rotwein
375 ml Wasser
1/2 Zimtstange
120 g Zucker
500 g kl. Birnen
1 EL Speisestärke

Zubereitung:
① Wein, Wasser, Zimtstange und Zucker aufkochen.
② Birnen waschen, schälen, halbieren und Kerngehäuse rausschneiden.
③ In der Flüssigkeit 30 Min. auf kleiner Flamme garen lassen. Dabei nicht umrühren.
④ Birnen mit der Schaumkelle herausnehmen.
⑤ Zimtstange aus dem Sud entfernen.
⑥ Speisestärke mit kaltem Wasser anrühren und in die kochende Flüssigkeit geben. Aufkochen lassen.
⑦ Den Rotweinsud über die Birnen gießen.

Warm oder kalt servieren – als Dessert oder Beilage zu Wildgerichten.

Vanilleäpfel

Zutaten:
(für 4 Personen)
4 schöne, gleichmäßige Äpfel
$^1/_4$ l Wein
$^1/_4$ l Wasser
100 g Zucker
Saft v. 1 Zitrone
$^1/_2$ l Milch
2 EL Zucker
1 P. Vanillepuddingpulver
rote Konfitüre
4 EL geha. Mandeln
1 EL Butter
$^1/_8$ l Sahne

Zubereitung:

① Äpfel schälen, mit dem Apfelstecher entkernen.
② Wein, Wasser, 100 g Zucker und den Saft einer Zitrone in einem Kochtopf zum Kochen bringen.
③ Die Äpfel in das Wein-Wasser-Gemisch legen und in ca. 10 Minuten gar ziehen lassen. Dabei einmal wenden.
④ Für den Flammerie $^2/_3$ der Milch mit dem Zucker zum Kochen bringen.
⑤ Vanillepuddingpulver mit der restlichen Milch verrühren.
⑥ Unter Rühren in die kochende Milch gießen und einmal aufkochen lassen. Topf vom Herd ziehen.
⑦ Unter gelegentlichem Rühren abkühlen lassen.
⑧ Äpfel mit der Schaumkelle aus dem Topf nehmen und auf 4 Dessertteller setzen.
⑨ Äpfel mit Konfitüre füllen und das Wein-Wasser-Gemisch auf den Tellern verteilen.
⑩ Die Mandeln in der Butter leicht bräunen lassen.
⑪ Sahne steif schlagen und unter den kalten Flammerie heben.
⑫ Die Sahnecreme über die Äpfel verteilen und mit den gerösteten Mandeln bestreuen.

Zwetschgenknödel

Zutaten:
1 kg mehlig kochende Kartoffeln
ca. 100–125 g Mehl
2 fr. Eier
$^1/_2$ TL Salz
ger. Muskatnuss
10 Zwetschgen
10 Stück Würfelzucker
3 l Wasser
Salz
60 g Butter
3 EL Semmelbrösel
2 EL Zucker
etwas Zimt

Zubereitung:

① Die Kartoffeln gründlich waschen und Pellkartoffeln kochen. Nach dem Garen sofort schälen und durch die Kartoffelpresse drücken.
② Aus den Kartoffeln, dem Mehl, den Eiern und den Gewürzen einen Kartoffelteig herstellen.
③ Den Kartoffelteig zu einer Rolle formen und in 10 Stücke teilen.
④ Die Zwetschgen waschen, abtrocknen und entsteinen. In jede ein Stück Würfelzucker stecken.

⑤ Aus dem Kartoffelteig Knödel formen und in jeden eine Zwetschge drücken und mit Teig umhüllen.
⑥ Klöße in kochendes Salzwasser geben. 20 Min. ziehen lassen.
⑦ In der Zwischenzeit die Butter aufschäumen lassen und das Paniermehl darin leicht anbräunen.
⑧ Zucker und Zimt mischen.
⑨ Schwimmen die Klöße an der Oberfläche, sind sie gar. Aus dem Wasser heben, abtropfen lassen und in Semmelbröseln wenden.
⑩ Auf eine Platte legen und Zimt-Zucker-Mischung dazu reichen.

Wir pflügen und wir streuen
den Samen auf das Land,
doch Wachstum und Gedeihen
steht in des Himmels Hand;
der tut mit leisem Wehen
sich mild und heimlich auf
und träuft, wenn heim wir gehen,
Wuchs und Gedeihen drauf.
Alle gute Gabe
kommt her von Gott dem Herrn;
drum dankt ihm, dankt,
und hofft auf ihn!

(Matthias Claudius)

Der Oktober, nach der römischen Zahl octo benannt, ist auch der Monat der Weinlese. In Deutschland wird am ersten Sonntag im Oktober das Erntedankfest gefeiert. In unserer Kirchengemeinde mit einem feierlichen Gottesdienst in der mit Getreide, Feld- und Gartenfrüchten üppig geschmückten Kirche. So wie die Menschen zu allen Zeiten haben auch wir allen Grund zum Danken angesichts der verschwenderischen Fülle, die uns überall präsentiert wird. Trotz aller Technik, moderner Anbaumethoden und großer Sorgfalt wird uns Landwirten immer wieder bewusst, dass eine gute, reichliche Ernte nicht selbstverständlich ist. Der alttestamentliche Satz *„Solange die Erde steht, soll nicht aufhören Saat und Ernte (...)"* ist uns stets eine Ermutigung.

Rote Bete, Chicorée, Möhren und Sellerie, Kohl, Kürbis und Zwiebeln sorgen jetzt für herbstliche Genüsse. Viele Gemüsesorten lassen sich einlagern und stehen den ganzen Winter über zur Verfügung.

Zwiebelsalat

Zutaten:
160 g Zwiebeln
1/2 l kochendes Wasser
1 kl. D. Ananasstücke (350 g)
50 g Mayonnaise
3 EL Öl
Saft v. 1/2 Zitrone
Salz
Pfeffer
Cayennepfeffer
1 TL Curry
Paprikapulver (edelsüß)
einige Tropfen Tabasco-Soße

Zubereitung:

① Zwiebeln schälen, in Ringe schneiden und in dem kochenden Wasser kurz blanchieren. Auf einem Sieb abtropfen und erkalten lassen.
② Ananasstücke ebenfalls abtropfen lassen, Saft auffangen.
③ Für die Salatsoße Mayonnaise mit 2 EL Ananassaft, Öl, Zitronensaft und den Gewürzen verrühren. Gut abschmecken.
④ Zwiebelringe und Ananasstücke in die Salatsoße geben und vermengen. Zugedeckt 2 Std. im Kühlschrank marinieren lassen.

Kürbis-Suppe

Zutaten:
(für 6 Portionen)
500 g Kürbisfleisch
2 Möhren
1 fest kochende Kartoffel
1 Zwiebel
2 TL Öl
1 P. Suppengrün (TK)
1 l Gemüsebrühe
200 g Schlagsahne
Salz
Pfeffer
etwas abger. Muskatnuss
Zucker
Saft v. 1/2 Zitrone
30 g geschälte Kürbiskerne
6 TL Kürbiskernöl

Zubereitung:

① Kürbisfleisch grob würfeln, Möhren und Kartoffeln waschen, schälen und klein schneiden. Zwiebel abziehen und würfeln.
② Öl in einem Suppentopf erhitzen, Zwiebel und Gemüse darin anrösten. Suppengrün hinzufügen, andünsten und mit Brühe ablöschen.
③ 20 Min. bei mittlerer Hitze kochen lassen, bis das Kürbisfleisch weich ist.
④ Gemüse pürieren, Sahne zugeben und aufkochen. Mit Salz, Pfeffer, Muskat, Zucker und Zitronensaft abschmecken.
⑤ Kürbiskerne in einer Pfanne rösten, Suppe in Tellern verteilen mit je 1 TL Kernöl beträufeln.
⑥ Mit Kürbiskernen bestreut servieren.

Pfifferlingsragout

Zutaten:
600 g Pfifferlinge
2 Zwiebeln
50 g durchw., geräucherter Speck
20 g Butter
1 EL Mehl
Salz
Pfeffer
Majoran
Paprikapulver (edelsüß)
150 ml Fleischbrühe
10 EL Sahne
1/2 Bd. Petersilie

Zubereitung:
① Pfifferlinge putzen und gründlich waschen, auf einem Sieb abtropfen lassen.
② Zwiebeln schälen und hacken, Speck würfeln.
③ Speck anbraten, Butter zufügen und erhitzen, Zwiebeln und Pfifferlinge zugeben, 10 Min. schmoren lassen.
④ Mehl überstäuben und unter Rühren 5 Min. rösten. Mit Salz, Pfeffer und Majoran würzen.
⑤ Heiße Fleischbrühe zugießen und 2 Min. köcheln lassen.
⑥ Sahne einrühren und noch mal erhitzen.
⑦ Petersilie abspülen, trockentupfen und hacken.
⑧ Ragout in eine Schüssel füllen und mit Petersilie bestreuen.

Zwiebelkuchen

Zutaten:
Teig:
400 g Mehl
20 g Hefe
knapp 1/4 l Milch
1 Pr. Zucker
1 TL Salz

Füllung:
100 g Speck
70 g Butter od. Schmalz
1 1/2 kg Zwiebeln
5 fr. Eier
400 g Crème fraîche od. saure Sahne
Salz
Pfeffer
50 g Semmelbrösel

Zubereitung:
① Aus den angegebenen Zutaten einen Hefeteig bereiten und auf ein Backblech drücken, dabei einen 2 cm hohen Rand stehen lassen.
② Zwiebeln in schmale Streifen schneiden.
③ Für die Füllung die Speckwürfel goldgelb anbraten, herausnehmen.
④ Im Fett die Zwiebeln bei geschlossenem Topf weich dünsten.
⑤ Nach dem Abkühlen Speck, verquirlte Eier, Crème fraîche, Salz und Pfeffer zugeben.
⑥ Auf den Teigboden die Semmelbrösel streuen und die Zwiebelmasse darauf verteilen, gehen lassen und den Kuchen bei 200° C 35–40 Min. goldbraun backen.

Zutaten:
(für 4 Personen)
1 kg mehlige Kartoffeln
500 g Endiviensalat
2 EL Weißweinessig
etwas Salz
1 Pr. schwarzer Pfeffer
1 TL Zucker
5 EL Öl
120 g gew., magerer Speck
80 g gew. Zwiebeln
70 g Butter
1/4 l heiße Milch
Salz
ger. Muskatnuss
600 g Blutwurst
20 g Mehl
Pflanzenöl zum Braten
Gewürze

Endivien durcheinander

(Niederrheinischer Spieß)

Zubereitung:

① Kartoffeln schälen und 30 Min. kochen.

② In der Zwischenzeit vom Endiviensalat die einzelnen Blätter abzupfen und gründlich unter fließendem Wasser spülen. Gut abtropfen lassen.

③ Aus Essig, Salz, Pfeffer, Zucker und Öl ein Dressing herstellen.

④ Die leicht bitteren weißen Enden vom Salat abschneiden, die Salatblätter in mundgerechte Stücke schneiden und mit dem Dressing marinieren.

⑤ Speck und Zwiebeln in ca. 30 g Butter anschwitzen. Zur Seite stellen.

⑥ Die Kartoffeln abtropfen und abdampfen lassen. Danach mit einem Stampfer zu Mus verarbeiten.

⑦ Unter schwacher Hitze bei ständigem Rühren restliche Butter und heiße Milch unterheben. Mit Salz und Muskat würzen.

⑧ Die Speck-Zwiebel-Mischung zum Kartoffelpüree geben und warm stellen.
⑨ Blutwurst in Scheiben schneiden, in Mehl wenden und im Pflanzenöl von beiden Seiten knusprig braten.
⑩ Den Endiviensalat unter das Püree mischen und mit den Blutwurstscheiben servieren.

Dazu schmeckt ein kühles Bier.

Chili-Bohnen-Eintopf

Zutaten:
1 $1/2$ l Wasser
250 g rote Bohnen
3 EL Öl
100 g durchw. Speck
2 Zwiebeln
500 g Rindergulasch
4 grüne Paprikaschoten
1 scharfe Chilischoten
Salz
Pfeffer
5 abgez. Tomaten
1 EL Tomatenmark
1 TL Chilipulver
8 g Knoblauchpaste

Zubereitung:

Am Vortag: Bohnen über Nacht einweichen.
① Das Öl in einer Pfanne erhitzen.
② Speck und Zwiebeln würfeln und mit dem Fleisch von allen Seiten braun anbraten.
③ Die Bohnen mit dem Einweichwasser zum Fleisch schütten und alles bei milder Hitze, zugedeckt, ca. 90 Min. kochen lassen.
④ Die Paprikaschoten in Streifen schneiden, die Chilischote fein zerkleinern, zusammen mit Salz und Pfeffer in den Eintopf geben und weitere 25 Min. kochen lassen.
⑤ Abgezogene Tomaten in Stücke schneiden und zusammen mit dem Tomatenmark 5 Min. im Eintopf garen.
⑥ Mit Chilipulver und Knoblauchpaste abschmecken.

Dazu schmeckt kräftiges Bauernbrot.

Rote-Bete-Gratin

Zutaten:
1 kg Rote Bete
2 EL Essig
1 EL Kümmel
200 g ger. Käse
200 g Sahne
Pfeffer
Salz
1/2 Bd. Schnittlauch

Zubereitung:
① Rote Bete in Wasser mit Essig und Kümmel ca. 35 Min. kochen. Kalt abschrecken und schälen.
② Eine feuerfeste Form einfetten, Rote Bete in Scheiben schneiden und dachziegelartig in die Form legen.
③ Den Käse mit Sahne, Pfeffer und Salz mischen und auf dem Gemüse verteilen. Im Backofen bei 180° C ca. 20 Min. überbacken.
④ Mit geschnittenem Schnittlauch servieren.

Fischgulasch

Zubereitung:

① Fischfilet unter kaltem Wasser abspülen, trockentupfen, mit Zitronensaft beträufeln und zugedeckt kühl stellen.
② Zwiebeln, 4 Möhren und 2 Petersilienwurzeln schälen und alles in Scheiben schneiden.
③ Schmalz in einem Bräter erhitzen, die Zwiebeln glasig braten, Petersilienwurzeln, Möhren, Salz und Pfeffer dazugeben. Gut umrühren.
④ Mit Mehl und Paprika abstäuben. Wieder verrühren.
⑤ Lorbeerblatt, Majoran und geschälte, entkernte Zitronenscheiben hinzugeben und alles gut durchbraten.
⑥ Heiße Fleischbrühe angießen, 30 Min. schmoren lassen.
⑦ In der Zwischenzeit restliche Möhren und Petersilienwurzeln schälen, waschen und in Streifen schneiden.
⑧ Butter im Topf erhitzen und die Gemüsestreifen unter Rühren anbraten.
⑨ Die Tasse Fleischbrühe angießen, salzen, pfeffern und gar dünsten.
⑩ Vom Herd nehmen und saure Sahne einrühren.
⑪ Nach Belieben auch Kapern zufügen.
⑫ Die inzwischen fertige Soße durch die flotte Lotte hindurch in einen frischen Topf geben.
⑬ Fischfilet grob würfeln, in der Soße ca. 20 Min. gar ziehen lassen.
⑭ Mit Soße in einer Schüssel anrichten und Gemüsestreifen rundherum anlegen und servieren.

Zutaten:
(für 6 Portionen)

800 g Fischfilet
Saft v. 1 Zitrone
5 Zwiebeln
8 Möhren
4 Petersilienwurzeln
40 g Schmalz
Salz
Pfeffer
2 EL Mehl
1 EL Paprikapulver (edelsüß)
1 Lorbeerbl.
etwas Majoran
4 Zitronenscheiben
1/2 l Fleischbrühe
30 g Butter
1 T. Fleischbrühe
weißer Pfeffer
1/4 l saure Sahne
1 Röhrchen Kapern

Tiroler Nusskuchen

Zutaten:
200 g Butter
250 g Zucker
1 Pr. Salz
6 fr. Eigelb
1 Fl. Zitronenaroma
$1/2$ TL Zimt
200 g ger. Nüsse
125 g Mehl
1 TL Backpulver
6 fr. Eiweiß
200 g feingeha. Blockschokolade

Zubereitung:
① Butter, Zucker und Salz verrühren, das Eigelb nach und nach dazugeben.
② Zitronenaroma, Zimt, Nüsse, Mehl und das Backpulver zufügen und alles miteinander verrühren.
③ Nun das Eiweiß steif schlagen und unter die Masse heben.
④ Zum Schluss die Blockschokolade zufügen.
⑤ Den Teig in eine Kastenform füllen und bei 175° C (Heißluft) ca. 45 Min. backen.

Englische Kürbismarmelade

Zutaten:
1 kg Kürbis
$1/8$ l Wasser
1 kg Gelierzucker 1:1
$3/4$ TL Zimt
$1/2$ TL Ingwerpulver
$1/4$ TL Nelkenpulver
$1/4$ TL Muskatnuss
Saft v. 2 Zitronen

Zubereitung:
① Kürbis würfeln, mit Wasser 10 Min. dünsten und pürieren.
② Gelierzucker, Gewürze und Zitronensaft untermischen und ca. 4 Min. kochen.
③ Gelierprobe machen: Dazu gibt man etwas von der Masse auf einen kalten Teller. Verläuft sie, wurde sie noch nicht lange genug gekocht oder das Geliervermögen ist ungenügend. Es sollte sich eine feine Haut bilden und die Masse sollte nicht mehr fließen.
④ Heiß in Gläser füllen und sofort verschließen.

Rotweincreme

Zutaten:
3 Bl. weiße Gelatine
3 Bl. rote Gelatine
4 fr. Eigelb
150 g Puderzucker
375 ml roter Burgunder
250 g blaue Weintrauben
400 ml Schlagsahne
100 g kl. Makronen
2 El Weinbrand

Zubereitung:
① Weiße und rote Gelatine einweichen
② Eigelb, Zucker und Gelatine dickschaumig schlagen und mit dem Rotwein verrühren.
③ Die Gelatine tropfnass bei schwacher Wärmezufuhr auflösen.
④ 4 El Rotwein-Eier-Gemisch in die Gelatine rühren und dann alles gut mit der Creme verrühren und zum Gelieren in den Kühlschrank stellen.
⑤ Die Weintrauben waschen, halbieren und entkernen. Einige zum Garnieren beiseite legen.
⑥ Die Sahne steif schlagen und wenn die Creme zu gelieren beginnt, die Sahne unterheben.
⑦ In eine Schüssel etwas Creme geben, die Hälfte Makronen darauf verteilen und mit 1 El Weinbrand beträufeln. Die Hälfte der Weintrauben auf die Creme geben und mit etwas Creme bedecken. Restliche Makronen, Weinbrand, Weintrauben und Creme einfüllen und mit den zurückgelassenen Weintrauben garnieren.

Gefüllte Pfirsiche

Zutaten:
4 Pfirsiche
2 cl Maraschino od. Weinbrand
250 g Doppelrahm-Frischkäse
4 El Sahne
125 g Zucker
1 Pr. Zimt
1 Prise Nelkenpulver
1 El gehd. Pistazien

Zubereitung:
① Pfirsiche mit kochendem Wasser überbrühen, häuten und halbieren.
② In ganz wenig Wasser mit einem Schuss Maraschino oder Weinbrand 5 Min. dünsten.
③ Aus dem Sud nehmen, abtropfen und erkalten lassen.
④ In einer Schüssel den Frischkäse mit Sahne, Zucker, Zimt und Nelken glatt rühren und abschmecken.
⑤ Pfirsichhälften mit der runden Seite nach unten auf eine Platte setzen.
⑥ Käsecreme in einen Spritzbeutel füllen und in die Pfirsiche spritzen.
⑦ Mit Pistazien bestreuen.

Wenn um St. Martin Nebel sind,
wird der Winter meistens lind.
Ist er aber klar und hell,
macht er Eis gar schnell.

(Bauernregel)

Nebel und Wind bestimmen den November. Das Jahr ist jetzt schon weit fortgeschritten. Der 11. November ist der Gedenktag des Bischhofs Martin von Tours und zugleich der Tauf- und Namenstag Martin Luthers. Die Kinder ziehen in vielen Orten am Martinstag mit ihren Laternen von Haus zu Haus und singen Martinslieder. Nach altem Brauch bedanken sich die Erwachsenen mit Süßigkeiten, Obst oder Geld.

Ebenfalls ein alter Brauch, der sich bis in die heutige Zeit gehalten hat, ist es, zum Martinstag die ersten Gänse zu schlachten. Freunde, Verwandte und Nachbarn wurden oder werden zum Gänsebratenessen eingeladen. Im November beginnt auch die Grünkohlzeit. Möglichst nach dem ersten Frost ist es so weit. Als norddeutsches Nationalgericht wird er mit reichlich Fleisch und Kohlwurst serviert.

November

Rote-Bete-Salat

Zutaten:

Salat:

250 g eingelegte Rote Bete
1 Sellerieknolle
1 Apfel
2 Gewürzgurken

Marinade:

1 TL körniger Senf
Salz
Pfeffer
6 EL Öl
2 EL Essig
2 EL Preiselbeeren

Zubereitung:

① Rote Bete in eine Schüssel geben.
② Die Sellerieknolle schälen, raspeln und zugeben.
③ Den Apfel raspeln, die Gurken in feine Scheiben schneiden, alles mit dem Rest vermengen.
④ Für die Marinade alle Zutaten verrühren, über den Salat geben und durchziehen lassen.

Steckrübenpüree

Zutaten:

1 Steckrübe
2 EL Crème fraîche
2 EL Sahne
Salz
Pfeffer a. d. Mühle
Muskatnuss
70 g Butter
3 EL Semmelbrösel
1 EL Majoran
2 Äpfel
4 Koteletts
30 g Butterschmalz

Zubereitung:

① Die Steckrübe schälen, in große Würfel schneiden und in $1/2$ l Salzwasser 20–25 Min. garen.
② $3/8$ l des Steckrübenwassers abgießen.
③ Steckrüben in dem restlichen Wasser pürieren.
④ Crème fraîche und Sahne zugeben, mit Salz, Pfeffer und Muskat abschmecken.
⑤ Butter schmelzen lassen. Semmelbrösel und Majoran zugeben, zur Seite stellen.
⑥ Äpfel schälen, entkernen und in Scheiben schneiden.
⑦ Koteletts in heißem Butterschmalz von jeder Seite braten, herausnehmen, salzen und pfeffern, danach warm stellen.
⑧ Die Apfelscheiben in der Pfanne von jeder Seite 1 Min. braten.
⑨ Steckrübenpüree mit der Bröselbutter begießen und zu Kotelett und Apfelscheiben servieren.

Grünkohl »bürgerlich«

Zubereitung:

① Grünkohlblätter von den Stängeln streifen, schlechte Stellen entfernen, waschen und in einen großen Topf geben.
② Mit kochendem Wasser übergießen und bei starker Hitze so lange kochen lassen, bis er zusammengefallen ist.
③ Den Kohl abtropfen lassen und klein schneiden.
④ Zwiebeln schälen und hacken, die Kartoffeln schälen, waschen und in Würfel schneiden.
⑤ Schmalz in einem großen Topf zerlassen, Zwiebeln und Grünkohl hinzugeben, durchschmoren lassen.
⑥ Gemüsebrühe, Nelke und Senf zugeben und alles bei milder Hitze dünsten.
⑦ Nach 45 Min. Garzeit die Kartoffelwürfel zufügen, die Bregenwurst oben auf den Eintopf legen und alles fertig garen.
⑧ Den Eintopf nochmals mit Salz, Pfeffer und Zucker abschmecken.

Zutaten:
1 1/2 kg Grünkohl
1/2 l Wasser
2 Zwiebeln
600 g Kartoffeln
3 EL Schweineschmalz
1/2 l Gemüsebrühe
1 Nelke
1 TL Senf
400 g Bregenwurst
Salz
Pfeffer a. d. Mühle
Zucker

Schweinefilet im Wirsingmantel

in Speckrahmsoße

Zutaten:

1 kl. Wirsing
800 g Schweinefilet
1 Schweinenetz (beim Schlachter vorbestellen)
Salz
Pfeffer
Öl zum Braten
$1/_8$ l Crème fraîche
100 g geräucherter Schinken in Streifen

Im Frühling kann man anstelle von Wirsing-Bärlauchblätter verwenden.

Zubereitung:

① Wirsing putzen, die Blätter in leicht gesalzenem Wasser blanchieren. Gemüsewasser auffangen.
② Schweinefilets im Öl rund herum gut anbraten, danach aus der Pfanne nehmen, salzen und pfeffern.
③ Schweinenetz auf die Arbeitsplatte legen und zurecht schneiden.
④ Von den Wirsingblättern die dicken Rippen flach klopfen, die Blätter auf das Schweinenetz legen, salzen, pfeffern und das Schweinefilet darauf legen.
⑤ Das Filet mit den Blättern ummanteln und in das Schweinenetz wickeln, Kanten umschlagen.
⑥ Auf ein Backblech legen und bei 180° C ca. 35 Min. backen.

⑦ In der Zwischenzeit Schinkenstreifen im Bratenfett anbraten, mit der Gemüsebrühe ablöschen. Etwas einkochen lassen.
⑧ Soße mit Crème fraîche verfeinern und nochmals abschmecken.

Medaillons in Calvadosrahm

Eine Apfelsorte wählen, die nicht zerfällt!

Zubereitung:
① Schweinefilets in Medaillons von ca. 4 cm Dicke schneiden und im heißen Fett von beiden Seiten gut anbraten, aus der Pfanne nehmen, salzen und pfeffern.
② Äpfel schälen, in Stücke schneiden und ebenfalls in dem Bratenfett anbraten.
③ Die gebräunten Apfelstücke aus der Pfanne nehmen.
④ Den Bratensatz mit Fleischbrühe und Sahne löschen, etwas einkochen lassen und mit Salz, Pfeffer, Calvados und Zucker abschmecken.
⑤ Die Medaillons in die Soße legen und leicht ziehen lassen.

Zutaten:
ca. 800 g Schweinefilets
Öl zum Anbraten
Salz
Pfeffer
4 Äpfel (z.B. Elstar)
1/4 l Fleischbrühe
1/4 l Sahne
etwas Calvados
1 Pr. Zucker

Sauerkraut mit süßer Sahne

Zubereitung:
① Das Sauerkraut in kurze Stücke schneiden.
② Butter in einem Topf zerlaufen lassen, die Schinkenwürfel darin glasig braten, die Zwiebelwürfel hinzutun und leicht anbräunen.
③ Das geschnittene Sauerkraut hinzufügen, mit süßer Sahne auffüllen und langsam köcheln lassen.
④ Nach ca. 10 Min. mit Senf, Salz, Pfeffer, Zucker und etwas gehackter Petersilie fein abschmecken.

Zutaten:
500 g fr. Sauerkraut
2 EL Butter
150 g Schinkenwürfel
150 g gew. Zwiebeln
200 g süße Sahne
1 TL Senf
Salz
Pfeffer
1 EL Zucker
geha. Petersilie

Hirtengulasch

Zutaten:

600 g gew. Schweineschulter
3 EL Rapsöl
150 g geha. Zwiebeln
Salz
Pfeffer
Knoblauchzehe
Majoran
1 EL Paprikapulver (edelsüß)
1/2 l Fleischbrühe
600 g Möhren
500 g Kartoffeln
1 EL geha. Petersilie

Zubereitung:

① Fleisch im Rapsöl anbraten, Zwiebeln zugeben und kurz mitrösten. Salzen und würzen.
② Mit Fleischbrühe ablöschen und 30 Min. schmoren lassen.
③ In der Zwischenzeit die Möhren putzen und würfeln, dann zum Fleisch geben.
④ Die Kartoffeln schälen und klein würfeln und 10 Min. später zugeben, alles gar werden lassen.
⑤ Wenn nötig, etwas Flüssigkeit hinzufügen, nochmals abschmecken.
⑥ Mit Petersilie bestreut servieren.

Mexikanischer Feuertopf

Zutaten:

400 g Rindergulasch
Öl zum Braten
160 g Zwiebelwürfel
1/2 l Fleischbrühe
80 g getr. weiße Bohnen
200 g geschälte, gew. Kartoffeln
120 g Paprika in Streifen geschnitten
160 g Kidney-Bohnen a. d. D.
200 g Mettenden
8 g Knoblauchpaste
40 g Tomatenmark
Salz
Pfeffer

Zubereitung:

Am Vortag: weiße Bohnen einweichen

① Gulasch mit Öl in der Pfanne anbraten.
② Zwiebeln zugeben und durchschwitzen lassen, mit Fleischbrühe auffüllen.
③ Die weißen Bohnen hinzugeben und garen lassen.
④ 20 Min. vor Ende der Garzeit die Kartoffelwürfel, Paprika und Kidney-Bohnen zufügen.
⑤ Wenn die Kartoffeln gar sind, die in Scheiben geschnittenen Mettenden, Knoblauchpaste und Tomatenmark hinzufügen und ziehen lassen. Zum Schluss mit Salz und Pfeffer abschmecken.

Quittenbouillon mit Pfeffersahne

In den Monaten September bis Januar eine nicht alltägliche Suppe, die gut zu einem Hauptgericht mit Wild passt.

Zubereitung:

① Die Quitten waschen, schälen, vierteln und das Kerngehäuse ausschneiden.
② Quittenviertel mit Wasser, Zitronensaft und Zucker im Mixer pürieren.
③ Durch ein Sieb streichen und in einem nicht oxidierenden Topf mit Wein verquirlt über Nacht stehen lassen.
④ Am nächsten Tag bei milder Hitze einmal aufkochen und 10 Min. ziehen lassen.
⑤ Vom Herd nehmen und durch ein feuchtes Papiertuch abgießen. Die Bouillon warm stellen.
⑥ Die Pfefferkörner zerstampfen und unter die fast steif geschlagene Sahne heben.
⑦ Quittenbouillon in vorgewärmte Tassen füllen und 1 EL Pfeffersahne darauf setzen.

Zutaten:
(für 4 Personen)

600 g Quitten
5 EL Wasser
Saft v. 1 Zitrone
80 g Zucker
1/4 l Weißwein
1 1/2 TL grüne Pfefferkörner
80 ml Sahne

Backpflaumen in Rum

Zubereitung:

① Zucker, Vanillezucker und Rum verrühren, dann die Zimtstange zufügen.
② Die Kurpflaumen 24 Std. in der Rumlösung einweichen.
③ Das Backobst mit den Mandeln vermischen und in ein Glas schichten.
④ Die Rummischung darüber gießen, so dass die Früchte bedeckt sind.
⑤ Das Glas mit einem Schraubdeckel verschließen.

Zutaten:

50 g Zucker
1 P. Vanillezucker
3/4 l Rum (54%)
1/2 Zimtstange
250 g Kurpflaumen ohne Stein
50 g Mandeln

Schmeckt köstlich zu Vanilleeis, Vanillecreme oder Flammerie.

Pfefferkuchen, o wie fein, neun Gewürze müssen's sein.
Sie alle haben fremde Namen, sagen uns, woher sie kamen.
Ob China, Indien, Sansibar, ob es Ägypten, Zypern war,
in alter Zeit schon hoch begehrt, war'n sie so viel wie
Gold wohl wert. Auf vielen alten Handelswegen kamen sie zu uns,
ach welch ein Segen. Sonst gäb es keinen Pfefferkuchen,
den wir so gerne doch versuchen: mit Ingwer, Pfeffer, Zimt,
Muskat, Anis und Fenchel
schön parat, auch Kardamom gehört hinein,
wie Koriander, feins Nägelein.
Es sind dann neun aus aller Welt zu unserm Wohl
und Gottes Lob bestellt.

(Autor unbekannt)

Nach den alten römischen Monatsnamen, die sich bis auf den heutigen Tag gehalten haben, heißt Dezember „decem", was so viel wie Zehn bedeutet. Das römische Jahr begann nicht wie bei uns im Januar, sondern am ersten März. Danach war der Dezember der zehnte Monat. Im Volksmund auch Christmonat genannt.

Auf einmal liegt es in der Luft: Es weihnachtet sehr. Eine ganz besondere Zeit fängt jetzt für viele Familien an. Der Zauber des Kerzenlichts und geschmückter Häuser nimmt uns gefangen. Mit einer Kerze zum 1. Advent beginnt die Adventszeit und steigert sich bis Heiligabend zum strahlenden Weihnachtsbaum. Ende des 16. Jahrhunderts wurde der erste moderne Weihnachtsbaum im Elsass aufgestellt, geschmückt mit Plätzchen und Papierblumen.

Viele Familien haben heute ihre eigenen Traditionen. Sei es am Heiligen Abend oder das Festessen an den Weihnachtstagen. Gänsebraten oder Wild, Weihnachtsschinken oder Pastete stehen an den Feiertagen auf dem Speiseplan. Der Duft von Plätzchen oder Lebkuchen zieht jetzt durch die Häuser. Das Beisammensein der Familie, gemeinsames Essen, Musik und Gottesdienst, das alles ist Weihnachten und das Zeichen für einen Neubeginn.

Dezember

Weinschaumsuppe

Zutaten:
4 fr. Eigelb
80 g Zucker
15 g Speisestärke
1/2 l Wein (Riesling)
1/2 l Wasser

Zubereitung:
① Alle Zutaten in einen großen Topf geben, miteinander verrühren und mit dem Schneebesen oder dem Handrührgerät schaumig aufschlagen. Die Suppe muss bis kurz vor dem Kochen erhitzt werden.
② Für den Fall, dass die Temperatur zu hoch wird, ein nasses, kaltes Tuch neben die Herdplatte legen, um den Topfboden abkühlen zu können.

Kartoffelgratin

Zutaten:
1 kg vorw. fest kochende Kartoffeln
Fett für die Auflaufform
Salz
Pfeffer
Muskatnuss
1/4 l Sahne
1/4 l Crème fraîche
Knoblauch
300 g ger. Edamer

Zubereitung:
① Kartoffeln waschen, schälen und in Scheiben schneiden.
② Eine Auflaufform einfetten.
③ Eine Schicht Kartoffelscheiben schuppenartig in die Form geben. Mit Salz, Pfeffer und Muskat würzen.
④ So weiter verfahren bis alle Kartoffeln aufgebraucht sind.
⑤ Sahne und Crème fraîche verrühren, mit Salz, Pfeffer, Muskatnuss und Knoblauch kräftig würzen und anschließend über die Kartoffeln gießen.
⑥ Bei 150° C ca. 1 Std. backen. (Kartoffeln auf Garzeit prüfen.)
⑦ Dann mit dem geriebenen Käse bestreuen, noch mal so lange backen, bis der Käse verlaufen ist und das Gratin eine schöne goldbraune Farbe bekommt.

Schwedischer Weihnachtsschinken

Zutaten:

(für 8 Personen)

2 $1/2$ kg gek. Knochenschinken
$1/2$ T. Wasser
2 fr. Eiweiß
2 geh. EL brauner Zucker
3 TL Senf
1 TL Zimt
1 Msp. gem. Nelken
1 TL Paprikapulver (edelsüß)
4 EL Weißbrotbrösel
2 B. süße Sahne

Zubereitung:

① Vom Schinken die Schwarte und das Fett bis auf eine 1 cm dicke Schicht abschneiden.
② In einen großen Bräter $1/4$ T. Wasser gießen und den Schinken mit der Fettseite nach oben hineinlegen.
③ Bräter mit Deckel verschließen und bei 175° C ca. 50 Min. im Backofen erhitzen.
④ In der Zwischenzeit Eiweiß zu sehr steifem Schnee schlagen und den Zucker unterschlagen.
⑤ Zuletzt Senf, Zimt, Nelken, Paprika und Weißbrotbrösel unterheben.
⑥ Die Masse auf den Schinken streichen bei 200° C ca. 15 Min. überbacken.
⑦ Den Bratensatz mit Sahne ablöschen und evtl. mit etwas Soßenbinder binden.

Sauerkrauttorte

Zutaten:
1 EL Butter
200 g durchw., geräucherter Speck
1 Zwiebel
1 Lorbeerbl.
4 Wacholderbeeren
800 g fr. Sauerkraut
1/4 l Weißwein
300 g TK-Blätterteig
Pfeffer
1 fr. Eigelb
1 EL Milch

Zubereitung:
① Die Butter in einem Topf schmelzen, den gewürfelten Speck und Zwiebel hinzufügen und andünsten.
② Lorbeerblatt und Wacholderbeeren sowie Sauerkraut hinzufügen.
③ Den Weißwein angießen und bei geringer Hitze garen. Die Flüssigkeit soll ganz verdampfen.
④ Die Hälfte des Blätterteigs ausrollen und eine feuerfeste Form damit auslegen. Den Boden einstechen.
⑤ Das abgetropfte Sauerkraut darauf verteilen und mit Pfeffer bestreuen.
⑥ Den restlichen Blätterteig als Deckel darüber legen. Mit der Gabel einstechen und den Rand leicht andrücken.
⑦ Eigelb mit etwas Milch verquirlen und auf den Deckel streichen.
⑧ Im vorgeheizten Backofen bei 220° C ca. 30 Min. backen, bis der Blätterteigmantel goldbraun geworden ist.

Die Edelpilzkäsecreme schmeckt besonders gut zur Sauerkrauttorte.

Edelpilzkäsecreme

in frischen Birnenhälften

Zutaten:
100 g Butter
Pfeffer
2 TL Birnengeist
175 g Edelpilzkäse
4 fr., reife Birnen
Saft v. 1 Zitrone
1/4 l Weißwein

Zubereitung:
① Butter schaumig rühren und mit Pfeffer und Birnengeist abschmecken.
② Den mit einer Gabel zerdrückten Edelpilzkäse vorsichtig unterrühren und kühl stellen.
③ Birnen schälen, halbieren, entkernen und mit Zitronensaft bestreichen.
④ Die Birnenhälften in einem Topf mit Weißwein und dem restlichen Zitronensaft dünsten.
⑤ Auskühlen lassen und mit Käsecreme füllen.

Gans mit Äpfeln gefüllt

Zutaten:

750 g säuerl. Äpfel
2 Zwiebeln
150 g Backpflaumen (Kurpflaumen ohne Stein)
1 TL Butter
Salz
Pfeffer
Majoran
1 Gans (ca. 4 kg)
1 l Wasser
Speisestärke

Zubereitung:

① Die Äpfel schälen, vierteln und vom Kerngehäuse befreien.
② Die Zwiebel schälen, achteln und mit den Äpfeln und Backpflaumen in Butter anbraten. Mit Salz, Pfeffer und Majoran würzen.
③ Den Backofen auf 180° C vorheizen.
④ Die Gans gründlich waschen und gut abtrocknen.
⑤ Die Gans innen mit Salz und Pfeffer einreiben und mit der Apfel-Backpflaumen-Mischung befüllen.
⑥ Die Bauchseite mit einem Zahnstocher zustecken.
⑦ Die Gans mit der Brustseite nach unten auf den Backofenrost legen und mit der Fettpfanne darunter in den Backofen schieben.
⑧ 1 T. kochendes Wasser in die Fettpfanne gießen.
⑨ Die Gans ca. 3 $1/2$ Std. braten. Während der Bratzeit die Gans des Öfteren mit dem Bratenfond beschöpfen und immer heißes Wasser nachfüllen.
⑩ Nach 2 Std. die Gans umdrehen und fertig braten.
⑪ Kurz vor Ende der Bratzeit $1/8$ l Wasser mit 1 TL Salz mischen und die Gans mehrmals damit bestreichen. Die Gans im abgeschalteten Backofen bei offener Tür 10 Min. ruhen lassen.
⑫ Das Fett vom Bratensaft abschöpfen.
⑬ Den Bratensatz mit heißem Wasser lösen, in einen Topf gießen und mit der angerührten Speisestärke binden.
⑭ Die Soße mit Salz, Pfeffer und Majoran abschmecken.

Dazu schmecken Marzipanäpfel, Kartoffelklöße und Rotkohl.

Dazu schmecken Waldorfsalat (siehe Februar) und Cumberlandsoße.

Wildpastete

Zutaten:
(für 8 Personen)

300 g mageres Wildfleisch ohne Sehnen (nach Geschmack Rot- od. Schwarzwild)
50 g durchw. Schweinefleisch
50 g mageres Schweinefleisch
6 Eiswürfel
400 ml Sahne
4 cl Wacholderschnaps
15 g Salz
Pfeffer
1 EL Pistazien
2 EL gew., fr. Speck
100 g Wild- od. Geflügelleber
Butter zum Braten
150 g fr. Speckscheiben

Zubereitung:

① Das Fleisch zweimal durch die feine Scheibe des Fleischwolfs drehen.
② Die Masse in den Mixer geben, Eiswürfel, Sahne und Wacholderschnaps nach und nach untergeben.
③ Mit Salz und Pfeffer abschmecken.
④ Vorsichtig die Pistazien, die ganz kleinen Speckwürfel und die in 1 cm große Würfel geschnittene und in Butter angebratene Leber unterheben.
⑤ Eine Kastenform mit Speckscheiben dünn auslegen und die Fleischmasse einfüllen. Mit Speckscheiben bedecken.
⑥ Die Form mit Alufolie schließen und im Wasserbad im vorgeheizten Backofen bei 150° C ca. 45 Min. garen.
⑦ Dann erkalten lassen und aus der Form stürzen und in 1 cm starke Scheiben schneiden.

Wildroulade

Zubereitung:

① Aus der Oberschale 4 dünne Rouladen schneiden, ca. 160–180 g schwer. Das geht am besten als Schmetterling.
② Die Fleischscheiben evtl. mit dem Plattiereisen vorsichtig zwischen Frischhaltefolie flach klopfen.
③ Die Fleischscheiben mit Salz und Pfeffer würzen, mit Senf bestreichen und mit dem Speck belegen.
④ Die Zwiebeln in dünne Scheiben schneiden und auf den Rouladen verteilen.
⑤ Einen Streifen Möhre und ein Stück Gurke ebenfalls.
⑥ Die Rouladen aufrollen und mit Nadeln oder Bindfaden befestigen.
⑦ In einem Bräter Butterschmalz erhitzen und die Rouladen von allen Seiten anbraten.
⑧ Ein Lorbeerblatt und zerdrückte Wacholderbeeren zugeben und mit dem Wildfond angießen. Zugedeckt gar schmoren lassen.
⑨ Die Rouladen auf eine Platte legen und warm stellen. Den Soßenfond durchsieben und in den Topf zurückgeben.
⑩ Mit einem kräftigen Schuss Holunderbeersaft auffüllen. Die Soße etwas einkochen lassen.
⑪ Evtl. mit etwas Soßenbinder andicken und mit der sauren Sahne verfeinern. Noch mal abschmecken.
⑫ Vom Kohl die äußeren Blätter lösen, den Kopf vierteln, den Strunk rausschneiden, waschen und fein hobeln.
⑬ Das Schmalz in einem Topf erhitzen, den Kohl hineingeben und vorsichtig umrühren.
⑭ Das zweite Lorbeerblatt mit den Nelken auf der geschälten Zwiebel feststecken und zum Kohl geben, salzen.
⑮ 1 EL Zucker und 1 EL Essig über den Kohl geben und etwas Wasser angießen.
⑯ Die geschälten, entkernten und in Würfel geschnittenen Äpfel zufügen.
⑰ Zugedeckt bei schwacher Hitze ca. 50 Min. kochen lassen.
⑱ Das Johannisbeergelee unterrühren. Wenn der Kohl zu flüssig ist, mit etwas Apfelmus binden.
⑲ Nochmals abschmecken.

Zutaten:
(für 4 Personen)

1 Dammwild od. Hirschoberschale
Salz
Pfeffer
Senf
4 Scheiben durchw., geräucherter Speck
2 Zwiebeln
1 Möhre
1 mittelgr. Gewürzgurke
Butterschmalz zum Anbraten
2 Lorbeerbl.
4 Wacholderbeeren
1/2 l Wildfond od. Fleischbrühe
Holunderbeersaft
evtl. Soßenbinder
125 g saure Sahne
1 Rotkohl (ca. 1 kg)
40 g Schweine od. Gänseschmalz
3 Nelken
1 Zwiebel
1 EL Zucker
1 EL Essig
2 säuerl. Äpfel
1 kl. Gl. Johannisbeergelee

Im Schnellkocher reduziert sich die Garzeit erheblich.

Avocadocreme mit Himbeerpüree

Zutaten:
(für 4 Portionen)
250 g Himbeeren
2 EL Himbeergeist
60 g Puderzucker
2 reife Avocados
1/8 l Zitronensaft
1 B. Sahne (200 ml)

Zubereitung:
① Himbeeren durch ein Sieb streichen und mit Himbeergeist und Puderzucker vermischen.
② Die Avocados halbieren und entsteinen, das Fruchtfleisch vorsichtig ohne Rückstände von Schale mit einem Löffel herauskratzen, sofort mit dem Zitronensaft pürieren.
③ Die Sahne steif schlagen und unter die Masse heben.
④ Nun diese in die Avocadohälften spritzen, etwas Himbeerpüree darüber gießen.
⑤ Das restliche Himbeerpüree dazu reichen.

Quarkstollen

Zutaten:
375 g Rosinen
100 ml Rum
375 g Weizenmehl
4 gestr. TL Backpulver
125 g Zucker
1 P. Vanillezucker
2 Fl. Butter-Vanille-Aroma
je 1 Msp. gem. Zimt, Kardamom, Muskatblüte
etwas abger. Schale einer unbeh. Orange
200 g Speisequark
1 fr. Ei
1 fr. Eigelb
150 g Butter
100 g gew. Zitronat
200 g gem. Mandeln
100 g zerlassene Butter
Puderzucker zum Bestäuben

Zubereitung:
① Rosinen mit Rum übergießen und über Nacht ziehen lassen.
② Alle weiteren Zutaten nach und nach zugeben und zu einem Teig verkneten.
③ Den Teig auf einer mit Mehl bestäubten Arbeitsplatte zu einem Rechteck ausrollen.
④ Aus dem Rechteck einen Stollen formen und auf ein mit Backpapier ausgelegtes Backblech legen.
⑤ Bei 180° C ca. 1 Std. backen.
⑥ Den heißen Stollen sofort mit der Hälfte der zerlassenen Butter bestreichen und mit Puderzucker bestäuben.
⑦ Diesen Vorgang wiederholen, bis die Butter aufgebraucht ist.

Knusperplätzchen

Zubereitung:

① Butter in einem Topf schmelzen. Müsli unterrühren, Mehl zugeben und die Masse abkühlen lassen.

② Das Ei, Zucker, Vanillezucker und Backpulver schaumig schlagen und zur Müsli-Masse geben. Alles gut vermischen.

③ Mit zwei Teelöffeln kleine Häufchen auf ein gefettetes Backblech setzen. Im vorgeheizten Backofen bei 175° C ca. 15–20 Min. backen.

Zutaten:

125 g Butter
250 g Früchte-Müsli
2 EL Mehl
1 fr. Ei
110 g Zucker
1 P. Vanillezucker
$^1/_2$ TL Backpulver

Himmelstorte

Zutaten:

450 g Mehl
300 g Butter
150 g Zucker
1 EL Butter
150 g geha. Mandeln
50 g Zucker
Johannisbeergelee
$1/2 - 3/4$ l Sahne
2 P. Vanillezucker
1 P. Sahnesteif

Zubereitung:

① Aus Mehl, Butter und Zucker einen Knetteig herstellen. Mindestens 30 Min. ruhen lassen.
② In der Zwischenzeit den Krokant herstellen. Dazu die Butter in einer Pfanne schmelzen lassen, Mandeln und Zucker zufügen und unter ständigem Rühren karamellisieren lassen.
③ Aus dem Knetteig 5 dünne Böden auf dem Boden einer Springform bei 180 – 200° C backen. Abkühlen lassen und mit Johannisbeergelee bestreichen.
④ Sahne mit dem Vanillezucker und Sahnesteif steif schlagen.
⑤ Eine Tortenplatte mit dem Boden belegen. Tortenrand umstellen.
⑥ Eine dünne Schicht Sahne auf den Boden streichen und Krokant darüber streuen. Diesen Vorgang wiederholen, bis alle Böden verarbeitet sind.
⑦ Den obersten Boden nach Belieben mit Sahne garnieren.

Die Torte schmeckt am besten, wenn sie gut durchgezogen ist.

abger.	abgerieben	geh.	gehäuft	kl.	klein
a. d.	aus dem/aus der	geha.	gehackt	Msp.	Messerspitze
abgez.	abgezogen	geho.	gehobelt	od.	oder
B.	Becher	G-Herd	Gasherd	P.	Paket/Päckchen
Bl.	Blatt / Blätter	gek.	gekocht	Pr.	Prise
D.	Dose	gem.	gemahlen	säuerl.	säuerlich/e
durchw.	durchwachsen	ger.	geriebene	Std.	Stunde/n
E-Herd	Elektroherd	getr.	getrocknet	T.	Tasse
EL	Esslöffel	gew.	gewürfelt	TL	Teelöffel
Fl.	Flasche/Fläschchen	Gl.	Glas / Gläser	TK	Tiefkühlkost
gerasp.	geraspelt	gr.	groß	Tr.	Tropfen
gestr.	gestrichen	kg	Kilogramm	unbeh.	unbehandelt/e

Register alphabetisch

Kochen zu allen Jahreszeiten!
Schlemmereien vom Schwein
Aromaschätze wilde Früchte und Gewürze
Backofenträume – Gutes vom Blech
Landküche
Johanniskraut-Tee
Teemischung

Brotrezepte
Frisches aus der Salatschüssel
Omas Leckereien
Kräuterschätze
Tortengeheimnisse
Gemüse querbeet
Omas Rezepte
Suppen und Eintöpfe vom Lande
Landküche